経営効率性の
測定の基礎

DEA分析の事例で学ぶ生産性・効率性向上への挑戦

刀根 薫

編著

筒井美樹
丸山幸宏
濱口由子
福山博文
橋本敦夫
岩本大輝
大里怜史

著

日本評論社

まえがき

....

　事業体を，入力(投入)を出力(産出)に変換する過程とみて，その変換過程の効率性を測定するための画期的な手法が，テキサス大学の A. Charnes, W.W. Cooper 両教授によって開発された．包絡分析法(DEA; Data Envelopment Analysis)と呼ばれるこの方法は，公共機関から民間企業におよぶさまざまな事業体の効率性の評価のために適用されている．

　この評価法は，従来の方法とはまったく異なる発想に基づいており，まさにコペルニクス的な転回を経営科学や経営学にもたらしているといっても過言ではあるまい．

　企業経営をめぐる現下の諸状況および将来への展望に鑑み，経営効率性の測定というテーマはあらゆる事業体にとってますます重要な課題となっている．この方法によって優れ者集団(効率的フロンティア)の存在がはじめて明示され，そのフロンティアを基準として，非効率的な事業体の改善案を具体的に提言できることも，これまでの手法にない新しい点である．具体的な計算法としては，多入力，多出力系のシステムの効率性を相対的に評価するために線形計画法を用いる．また，想定される投入対産出の関係を記述する生産関数の形に応じていくつかのモデルが開発されている．1978 年に Charnes-Cooper によって創始されたこの手法は現在，40 数年の時を経て，理論と適用の両面で大きな進歩を遂げている．その大きな流れを概観すると以下のようになる．

1．CCR (Charnes-Cooper-Rhodes) に代表される軸的(radial)指標から SBM (Slacks-based Measure)に代表される非軸的(non-radial)指標への展開
2．企業体の内部構造まで分析対象とするネットワークモデルの開発
3．企業の経年的な効率性の変動を計測するダイナミックモデルの登場
4．上記の 2 つのモデルを統合したネットワーク・ダイナミックモデルの展開

5．環境問題等に対処するために“望ましくない産出”(undesirable outputs)
まで考慮したモデル

　本書の序章と第1章ではこれらの手法の概要について解説する．以下，電気
事業(第2章)，保健医療政策(第3章)，都道府県の生産活動(第4章)，金融機
関(第5章)を対象として，DEA による分析を行う．

　本書が，この方法の普及と理解に少しでもお役に立つことができれば，著者
らの最も喜びとするところである．

2022 年 8 月 27 日

刀根　薫

目 次

第2章　電気事業における DEA の活用……67
筒井美樹

第3章　**保健医療政策における DEA の活用**……107
丸山幸宏＋濱口由子

本書の目的と概要

刀根　薫

政策研究大学院大学名誉教授

0.1 ◆ 包絡分析法 DEA とはどんなものか

....

　本書の目的は比率尺度を用いて事業体の効率性を相対比較することにある．一般に事業体の活動は資源を投入し便益を産出する変換過程とみることもできる．そのとき

$$\frac{産出}{投入}$$

という比を用いて，その変換過程の効率性を測定するのが**比率尺度**である．

　いま，同種の投入と産出をもつ事業体が複数個ある場合，比率尺度による効率値の大小によってそれらの事業体の相対比較を行うことはごく自然なことである．比率尺度の根底には，より少ない投入でより大きな産出を得ることが効率的であるという考え方があることは言うまでもない．以下，簡単な例をもとに包絡分析法（Data Envelopment Analysis ＝ DEA）の概要を説明する．

0.1.1……1 入力，1 出力の場合

　8 つの営業所があり，営業人数（人）と売上高（単位：千万円）が表 0.1 のとおりとする．一番下の欄に 1 人当りの売上高（千万円／人）を示す．1 人当りの売上高は B がトップで F が最下位である．営業人数を入力とし，売上高を出力としてグラフにプロットしてみる（次ページ図 0.1）．

表 0.1　1 入力，1 出力の例

営業所	A	B	C	D	E	F	G	H
営業人数	2	3	3	4	5	5	6	8
売上高	1	3	2	3	4	2	3	5
売上高／人	0.5	1	0.667	0.75	0.8	0.4	0.5	0.625

　B と原点を結ぶ直線の勾配（それが 1 人当りの売上高）が一番大きく，この線を**効率的フロンティア**と呼ぶ．そしてすべての営業所の点はこのフロンティアの下側に包みこまれる．それが包絡分析法という言葉の由来である．英語では Data Envelopment Analysis というが，envelopment とは包むことであり，文字どおり読めば「データを包囲する分析法」となる．さて，このようなデータがあると回帰分析 ── 最小二乗法 ── による直線の当てはめがよくなされる．原点を通る回帰直線の式は $y = 0.622x$ となり図 0.2 にそれを示す．

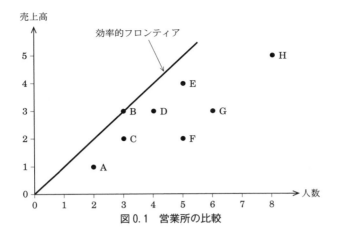

図 0.1　営業所の比較

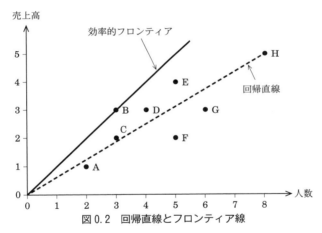

図 0.2　回帰直線とフロンティア線

　回帰直線はデータ群のほぼ中央を通過する．そして，この線より上にある営業所は成績良好，下にある営業所は不良と判断される．その度合いを偏差値などを用いて測ったりする．それに対して，フロンティア線は最優秀営業所のパフォーマンスを示す．そして，この最優秀パフォーマンス線をもとに他の営業所の成績を評価するのが包絡分析法の基本的な発想である．回帰分析法が平均像に基づく分析法であるのに対して包絡分析法は優れ者をベースにした効率性の評価法である．この基本的な観点の違いは具体的な評価法として大きな違いを生み出すことになる．それが本書の主題である．

　このフロンティア線がこの同じ勾配で無限に伸びて行くとは限らない．その

点については後のモデルをもとに説明する．しかしごく狭い範囲ではこの直線が通用するものとして，以後の話を進める．経済学の用語でいう規模のリターン(収穫)が一定(Constant Returns-to-Scale = CRS)という仮定である．

営業所 B は効率的であるが，ほかはすべて非効率的である．そこで B の効率値を 1 と定め，他の営業所の効率値を

$$\frac{\text{他の営業所の1人当り売上高}}{\text{B の1人当り売上高}}$$

と定義する．この例では B の 1 人当り売上高が 1 であるから他の効率値は 1 人当り売上高そのものになる．こうして表 0.2 を得る．

表 0.2　効率値

営業所	A	B	C	D	E	F	G	H
効率値	0.5	1	0.667	0.75	0.8	0.4	0.5	0.625

効率値は高い順に

$$1 = \text{B} > \text{E} > \text{D} > \text{C} > \text{H} > \text{A} = \text{G} > \text{F} = 0.4$$

となり F は B の 40% の効率しか出していないことがわかる．

図 0.3 をもとに非効率的な営業所を効率化する改善法を考えてみよう．例として A 店を取り上げる．A 店を効率化する 1 つの方法は営業人数を減らして効率的フロンティアに移すこと，すなわち，図 0.3 の点 $\text{A}_1(1,1)$ にすることである．これは入力(人数)を削減するという方針での効率化であるが，出力(売上高)を増やすことによる改善案も考えられる．すなわち，図の点 $\text{A}_2(2,2)$ に

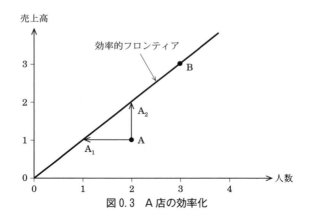

図 0.3　A 店の効率化

移ることである．その他，線分 $\overline{A_1A_2}$ 上のどの点に移す案でも良い．この範囲
ならば**現在の営業人数を増やさず，現在の売上高を落とさず**効率化できるから
である．

0.1.2……2入力，1出力の場合

表0.3に2入力，1出力のスーパーマーケットの例を示す．入力1は従業員
数(単位：10人)，入力2は売り場面積(単位：1000 m²)，出力は売上(単位：億
円)である．ただし，売上はすべて1億円に換算している．つまり，1億円の売
上を出すための従業員数と売り場面積であるとみてもらいたい．

表0.3　2入力，1出力の例

店	A	B	C	D	E	F	G	H	I
従業員数 x_1	4	7	8	4	2	5	6	5.5	6
売場面積 x_2	3	3	1	2	4	2	4	2.5	2.5
売上　　　y	1	1	1	1	1	1	1	1	1

この例でも規模の収穫は一定であると仮定する．入力1/出力，入力2/出力を
座標軸として各店をグラフ上に示したものが図0.4である．

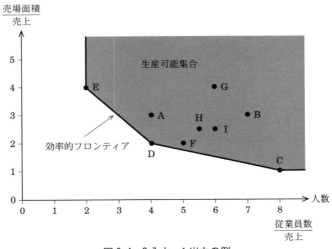

図0.4　2入力，1出力の例

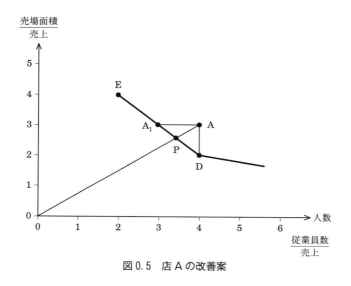

図 0.5　店 A の改善案

　さて，効率性を考えた場合，なるべく少ない入力で所与の出力を出している店ほど優れているとみるのは自然であろう．そういった見方から点 C, D, E を結ぶ効率的フロンティアがクローズアップされる．（フロンティア上の店 C, D, E 間の優劣についての議論は後にゆずる．）　さらに，C から水平に伸びる線と，E から垂直に立つ線までを考慮するとすべてのデータはこの線で囲まれる領域内に包みこまれることになる．この領域を生産可能集合（領域）と呼ぶ．しかし，このように生産可能集合が線分で囲まれているというのはあくまでも仮定であって，あるいは曲線になっているかも知れない．そこで正確には，線形生産可能集合の仮定という．効率的フロンティア上にない店の効率値は 1 以下になるが，その値はフロンティア線をもとに決めることができる．例えば，店 A の場合，原点と点 A を結ぶ線がフロンティア線 DE と交わる点を P とすれば（図 0.5 参照）

$$\frac{\mathrm{OP}}{\mathrm{OA}} = 0.8571$$

として，A の効率値を定めることができる．このことは，A を非効率と判定させるのは店 D, E の存在であることを意味する．この D, E を A の**優位集合**または**参照集合**（reference set）と呼ぶ．効率的フロンティア上の点は，もちろん，効率値 1 である．ほかの非効率な店の効率値も同様に計算することができる．

しかし，一般には店ごとに優位集合が異なることに注意したい．例えば，Bの優位集合はCとDである．また，図でみると点Dの回りに多くの点が集まっていることがわかる．このことは店Dがある意味で模範的な店であることを示す．それに対して店Cや店Eは効率的ではあるがユニークな特色を持つ店であるといえるであろう．

次に，非効率的な店の改善に関して述べよう．店Aの場合，入力1と入力2を点Pまで減らして入力1 = 3.4，入力2 = 2.6と人も面積も減らすのが一案である．しかし図0.5の線分$\overline{DA_1}$上のどの点に移してもよい．点Dは人を減らさず，面積を減らす案にあたり，点A_1は面積を減らさず，人を減らす案である．また，入力はそのままにしておき，出力を増やして効率化を図る案もある．後の章でそれらの点について詳しく説明する．

0.1.3……1入力，2出力の場合

1入力，2出力の例として，7支店の営業マン1人当りの取引先数（単位：10件）と売上高（単位：千万円）を表0.4に示す．この場合，出力が大きい方が効率的であるから，図0.6（次ページ）に示す効率的フロンティアができる．

表0.4 1入力，2出力の例

支店	A	B	C	D	E	F	G
営業人数 x	1	1	1	1	1	1	1
取引先数 y_1	1	2	3	4	4	5	6
売上 y_2	5	7	4	3	6	5	2

B, E, F, Gが効率的である．Gから垂線を下し，Bから水平に左に線を引くとこの領域内にすべての点が包みこまれる．A, C, Dは非効率的であるが，その効率値は原点とそれぞれの点を結ぶ直線がフロンティアと交わる点をもとに計測される．例えば，図0.7で点Dの効率値は

$$\frac{\mathrm{OD}}{\mathrm{OP}} = 0.75$$

である．点Aについては原点とAを結ぶ線はQで領域の境界線と交わるので，点Aの効率値は一応

$$\frac{\mathrm{OA}}{\mathrm{OQ}} = 0.714$$

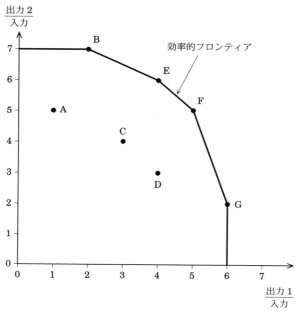

図 0.6　1 入力，2 出力の例

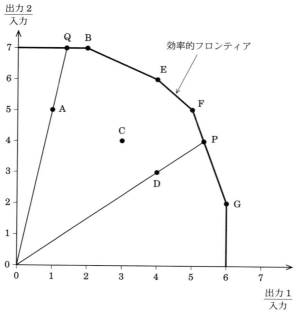

図 0.7　効率化

と計算されるが，Q は B に対して出力 1 の値で劣っているので，Q 自身は効率的ではない．したがって，A を効率化するには B に移す案が考えられる．このあたりのことについては後に述べる．また，効率化——効率的フロンティアに移行すること——にいろいろな方法があることは，これまでの例でみてきたとおりである．

0.1.4……より一般的な場合

これまでの例は，入力か出力のどちらかの種類が 1 つであったし，ほかも高々 2 個であった上に，規模のリターンが一定(CRS)であるという仮定をしたので，2 次元の図に表示して効率的フロンティアを見出すことは容易であった．しかし，入出力項目の数がもっと増えて多入力，多出力となった場合には事業体の効率性の相対比較はそれほど易しくない．

一例として表 0.5 に示す 12 の病院の場合を考察してみる．入力として医師と看護師の人数，出力として外来患者延数と入院患者延数(単位：100 人/月)をとる．(出力/入力)という比率尺度で相対的な効率性を計測するために，これらの多入力，多出力をそれぞれ 1 つの**仮想的入力**，**仮想的出力**に換算してみる．そのため，各項目にウェイトを掛けて加える．

表 0.5　病院の例

病院	A	B	C	D	E	F	G	H	I	J	K	L
医師	20	19	25	27	22	55	33	31	30	50	53	38
看護師	151	131	160	168	158	255	235	206	244	268	306	284
外来	100	150	160	180	94	230	220	152	190	250	260	250
入院	90	50	55	72	66	90	88	80	100	100	147	120

$$\text{仮想的入力} = v_1 \times \text{医師数} + v_2 \times \text{看護師数} \tag{0.1}$$

$$\text{仮想的出力} = u_1 \times \text{外来患者延数} + u_2 \times \text{入院患者延数} \tag{0.2}$$

その上で，

$$\frac{\text{仮想的出力}}{\text{仮想的入力}}$$

によって効率性を比較する．ここで問題になるのは v_1, v_2, u_1, u_2 といったウェイトをどう決めるかということである．一般的に言って，ウェイトには 2 種類ある．

1．固定ウェイト

各ウェイトの比率を固定する．例えば，

$$v_1 : v_2 = 5 : 1$$
$$u_1 : u_2 = 1 : 3$$

とする．

2．可変ウェイト

各病院毎にウェイトを可変とする．

本書の主題はこの可変ウェイトである．ここで，固定ウェイトの「決め方」に問題があることを指摘しておこう．固定ウェイトは，個々の事業体の特色を無視した一律のウェイトであり，ある意味では公平かもしれないが，現実の事業体のもつ多様性を評価するにはあまり適していない．仮に，固定ウェイトを単純に平均コストの比で決めたり，統計的な回帰分析などで決めたりするような場合には，平均的な事業体像が前面に出てくる．そのため，特に優れた事業体は「外れ者」としての扱いを受けかねない．

実際に役立つ分析は，優れた事業体が構成する効率的フロンティアを基準とした評価であろう．ここに個体を中心とした評価方式の存在理由がある．本書で取り上げる可変ウェイトを決める基本的な考え方は次のようなものである．

「入力ウェイト，出力ウェイトは評価の対象ごとに異なってもよいものとする．それを決める原則は，その対象にとって最も好都合となるようにとるということである．自分の最も得意とする項目に大きいウェイトを付け，苦手とする項目に小さいウェイトを付けてもよい．ただし，その同じウェイトで他の事業体も評価し，仮想的入力と仮想的出力を計算し，比率尺度によって，効率性を相対評価する．」

このような方針でウェイトを決めた場合，入出力項目の選定が適正である限り，どの事業体からもクレームはないであろう．もしある事業体が非効率的であると判定されたとき，それが他のどの事業体と比べてどの程度劣るか，どの点を改善すれば効率的となるかといった重要な事項が具体的に検討できるのである．その点については既にこれまで簡単な例でみてきたとおりである．

この評価方式は，これまでにない新しい方式である．平均像的な大勢順応型の評価から，個性的かつ多様性を活かした評価方式への転回であり，多基準型

の評価問題の解法に新しい局面を拓くものである．

　試しに上の病院の例を固定ウェイトと包絡分析法の両方で解いて比較してみよう．固定ウェイトとしては前に例示した値を採用して，各病院の仮想的入力と仮想的出力を計算し，その比で効率を求める．さらに，その最大値で全体を割って，最大効率値が1になるように正規化する．その結果を表0.6の「固定」の欄に示す．それに対して，包絡分析法の基本的モデルであるCCR法——これまでの簡単な例を解いた方法——を用いて求めた効率値を「CCR」の欄に示す．

表0.6　固定ウェイトと可変ウェイトの比較

病院	A	B	C	D	E	F	G	H	I	J	K	L
固定	1	0.90	0.77	0.89	0.74	0.64	0.82	0.74	0.84	0.72	0.83	0.87
CCR	1	1	0.88	1	0.76	0.84	0.90	0.80	0.96	0.87	0.96	0.96

　この表をみると，CCRの方が固定ウェイトよりも大きい効率値を出していることに気付く．固定ウェイトでは一般に，効率1のものが1つあり，ほかはそれより小さい効率値をもつ．可変ウェイトでは効率1のものが複数個みつかる．それは，先に述べたように，病院ごとにその病院にとって最も有利なウェイト付けをした結果であり当然のことである．固定ウェイト法による結果はウェイトの取り方に左右されるので，ウェイトの決め方が大きな問題となる．そして，多基準型の問題の場合，適正と認められるウェイトを定めることは非常に困難である．それに対して，包絡分析法は先験的なウェイトの決定を必要としない．ウェイトはモデルの方で——当該の事業体にとって——最適になるように決めてくれる．具体的には線形計画法という最適化手法を用いて決める．包絡分析法がノンパラメトリックな方法と呼ばれることがあるが，それはこの点を指している．

0.2 ◆ 本書の概要

第1章　包絡分析法 DEA の基本（執筆者：刀根薫＋筒井美樹）

　この章では DEA の基本的なモデルについて紹介する．DEA の最初のモデルである CCR（Charnes-Cooper-Rhodes）モデルや，BCC（Banker-Charnes-Cooper）モデルについて述べ，その後開発された SBM（Slacks-based Measure)や超効率性，公害問題を含む望ましくない出力（Undesirable Output）モデルを紹介するとともに，ネットワーク・ダイナミック DEA モデル，マルムキスト指標について述べる．

第2章　電気事業における DEA の活用（執筆者：筒井美樹）

　DEA を適用する産業として，電気事業に着目する．これまで多くの研究者が，電気事業に対して DEA を用いた分析を行ってきたが，その分析の観点は多岐に及ぶ．そこで，これまでの電気事業への DEA の適用事例と分析の観点を紹介した上で，電気事業の中でも配電事業に対するインセンティブ規制への効率性分析の活用について述べる．

第3章　保健医療政策における DEA の活用
##　　　　（執筆者：丸山幸宏＋濱口由子）

　DEA が医療経営の評価に適用されて以来，すでに 40 年近く経過しているが，その中でもまだ応用例が少なく，さらに今後の発展が期待される，公衆衛生政策の事業評価への DEA の適用について述べる．非営利活動である公衆衛生政策では，利益効率性とは異なる効率性評価が必要となる．第3章では公衆衛生政策の中でも特に感染症に対する政策を中心に，DEA による政策の効率性評価のポテンシャルについて述べる．

第4章　都道府県の生産活動の効率性評価
##　　　　（執筆者：福山博文＋橋本敦夫）

　地域経済の持続的な成長を目指す目的で都道府県における生産活動の効率性に着目する．限りある投入要素を有効に活用し，生産物をできるだけ多く効率的に産出することが望まれる．そこで，CCR モデル，SBM モデルを適用して都道府県の生産活動の効率性評価を行う．他方，生産活動の結果として産出される望ましくない生産物（副産物）の抑制を考慮したモデルによる評価も行う．そして，効率性を大きくするための要因を探る．

第5章　金融機関の経営効率性評価
##　　　　（執筆者：岩本大輝＋大里怜史）

　DEA を適用する産業として，金融機関，特に銀行に着目する．事業体の効

率を相対評価する手法として DEA は銀行評価にも用いられている．しかし，多様化した銀行の収益構造に対して，従来の単純な DEA では限界がある．そこで，ネットワーク・ダイナミック SBM-DEA モデルとほかの DEA モデルを地方銀行の経営状況に適用した分析について紹介する．加えて，DEA を銀行の経営統合へと活用した分析についても述べる．

第 1 章

包絡分析法DEAの基本

刀根 薫
政策研究大学院大学名誉教授

筒井美樹
電力中央研究所

この章では，包絡分析法の最も基本的なモデルについて述べる．文献[4]によって，1978年に提案された包絡分析法の最初のモデルである．以後，**CCRモデル**と呼ぶ．本章では包絡分析法でよく用いられる道具や概念を導入することが目的である．

1.1 ◆ データ

....

包絡分析法では分析対象を一般に**DMU**（Decision Making Unit：意思決定者）という．DMUは銀行，デパート，スーパー，メーカー，商社，病院，国家，都道府県，市町村，学校，個人などのように多種多様であるが，これらのDMUはそれぞれのカテゴリー毎に似たような機能をもって活動している．ただし，ある程度の独立した経営上の権限はもっているものとする．本書では，n個のDMUがあるとして，それらをDMU₁，DMU₂，…，DMU$_n$と番号付ける．

次に，各DMUに共通した投入（入力）項目と産出（出力）項目を選ぶ．ごく一般的な選び方としては次のような方針を取る．

1．投入項目，産出項目とも数値データが準備できること．原則として，全活動についてその値は正であること．
2．投入項目，産出項目の選定にあたっては，自分が評価したいと思う（入力対出力の）効率性の特徴をよく表しているものを選ぶ．
3．原則として，ある出力を得るための入力に関して言えば，値の小さいものほど好ましく，ある入力による出力に関しては大きいものほど好ましい状態にあるとする．
4．投入項目，産出項目の数値の単位は任意にとってよい．例えば，人数，金額，面積，台数などである．
5．DMUの数は，（入力項目の個数）×（出力項目の個数）以上，もしくは（（入力項目の個数）＋（出力項目の個数））×3以上であることが望ましい．（これは経験則：DMUの数が少ないと，効率的と判定されるDMUが多くなりDEAの効用が薄れる．）

いま，m個の投入項目とs個の産出項目が選定され，DMU$_j$の投入（入力）データを$x_{1j}, x_{2j}, \cdots, x_{mj}$，産出（出力）データを$y_{1j}, y_{2j}, \cdots, y_{sj}$とする．各DMUのデ

ータを縦に並べて行列を作り，入力データ行列 X と出力データ行列 Y とする．X は $(m \times n)$ 型，Y は $(s \times n)$ 型の行列である．

$$X = \begin{pmatrix} x_{11} & x_{12} & \cdots & x_{1n} \\ x_{21} & x_{22} & \cdots & x_{2n} \\ & \cdots\cdots\cdots & \\ x_{m1} & x_{m2} & \cdots & x_{mn} \end{pmatrix} \tag{1.1}$$

$$Y = \begin{pmatrix} y_{11} & y_{12} & \cdots & y_{1n} \\ y_{21} & y_{22} & \cdots & y_{2n} \\ & \cdots\cdots\cdots & \\ y_{s1} & y_{s2} & \cdots & y_{sn} \end{pmatrix} \tag{1.2}$$

1.2 ◆ CCR モデル
....

n 個の DMU それぞれについて比率尺度で効率性を測定していくが，対象とする DMU を代表的に記号 o とし，DMU$_o$ と書くことにする．以下，記号 o は $1, 2, \cdots, n$ のどれかを指すものとする．入力につけるウェイトを v_i $(i = 1, \cdots, m)$，出力につけるウェイトを u_r $(r = 1, \cdots, s)$ として，その値を次の分数計画（FP; Fractional Programming）問題を解くことによって定める．

〈FP$_o$〉　目的関数　$\max \theta = \dfrac{u_1 y_{1o} + u_2 y_{2o} + \cdots + u_s y_{so}}{v_1 x_{1o} + v_2 x_{2o} + \cdots + v_m x_{mo}}$ $\qquad$ (1.3)

$\qquad\qquad$制約式　$\dfrac{u_1 y_{1j} + u_2 y_{2j} + \cdots + u_s y_{sj}}{v_1 x_{1j} + v_2 x_{2j} + \cdots + v_m x_{mj}} \leqq 1 \qquad (j = 1, \cdots, n)$ $\qquad$ (1.4)

$\qquad\qquad\qquad\quad v_1, v_2, \cdots, v_m \geqq 0$ $\qquad\qquad\qquad\qquad\qquad\qquad$ (1.5)

$\qquad\qquad\qquad\quad u_1, u_2, \cdots, u_s \geqq 0$ $\qquad\qquad\qquad\qquad\qquad\qquad$ (1.6)

この制約式の意味は，ウェイト v_i, u_r による仮想的入力と仮想的出力の比をすべての DMU について 1 以下に押さえるということである．その上で，当該の DMU の比率尺度 θ を最大化するように，v_i, u_r を決める．したがって，最適な θ の値 θ^* は高々 1 である．このモデルは文献[4]によって最初に提案された DEA モデルであることから，著者名の頭文字をとって CCR（Charnes-Cooper-Rhodes）モデルと呼ぶ．

1.3 ◆ 分数計画から線形計画へ

....

上の分数計画に対して次の線形計画(Linear Programming, 以下 LP と略すことがある)問題を考える.

$\langle \mathrm{LP_0} \rangle$ 目的関数 $\max \theta = u_1 y_{1o} + \cdots + u_s y_{so}$ (1.7)

制約式 $v_1 x_{1o} + \cdots + v_m x_{mo} = 1$ (1.8)

$u_1 y_{1j} + u_2 y_{2j} + \cdots + u_s y_{sj} \leqq v_1 x_{1j} + v_2 x_{2j} + \cdots + v_m x_{mj}$

$(j = 1, \cdots, n)$ (1.9)

$v_1, v_2, \cdots, v_m \geqq 0$ (1.10)

$u_1, u_2, \cdots, u_s \geqq 0$ (1.11)

定理 1.1 分数計画問題$\langle \mathrm{FP_0} \rangle$と線形計画問題$\langle \mathrm{LP_0} \rangle$は同値である.

解説 この定理の証明は文献[3]を見てもらいたい. ここでは, その骨子を説明する. 仮に, $\langle \mathrm{FP_0} \rangle$の制約式の分母が各 j につきすべて正ならば, 分母を払って(1.9)式を得る. 次に, 分数は一般に分子と分母を同一倍してもその値は変わらないことに注意して, (1.3)式の分母を 1 にしてそれを制約式に移し, 分子だけを目的関数にしたものが$\langle \mathrm{LP_0} \rangle$である. この$\langle \mathrm{LP_0} \rangle$の最適解を $(\boldsymbol{v}^*, \boldsymbol{u}^*)$ とし, 最適目的関数値を θ^* とする. 明らかに $\theta^* \leqq 1$ であり, $(\boldsymbol{v}^*, \boldsymbol{u}^*)$ は$\langle \mathrm{FP_0} \rangle$の可能解である. 一方, $\langle \mathrm{FP_0} \rangle$の最適解を(それが存在するとして)$(\theta', \boldsymbol{v}', \boldsymbol{u}')$ とする. もしこの $\boldsymbol{v}'$ に対する(1.3)式の分母(それを t とする)が正ならば,

$$\bar{\boldsymbol{v}} = \frac{\boldsymbol{v}'}{t}, \quad \bar{\boldsymbol{u}} = \frac{\boldsymbol{u}'}{t}$$

とすれば

$$\bar{v}_1 x_{1o} + \cdots + \bar{v}_m x_{mo} = 1$$

であり, $(\bar{\boldsymbol{v}}, \bar{\boldsymbol{u}})$ は$\langle \mathrm{LP_0} \rangle$の制約式をすべて満たす. 目的関数の係数は同一である. よって

$$\theta' = \theta^*$$

でなければならない. すなわち, 上記の諸仮定の下では, $\langle \mathrm{LP_0} \rangle$の最適解は$\langle \mathrm{FP_0} \rangle$の最適解であり, 逆に$\langle \mathrm{LP_0} \rangle$の最適変数値を任意の正数 t をもとに t 倍したものが$\langle \mathrm{FP_0} \rangle$の最適解になっている. **(解説終り)**

〈LP₀〉は普通の線形計画法の解法によって解くことができる．しかし，実用的な解法としてはこの線形計画の双対問題を解くほうが良い．その点については 1.8 節で説明する．

〈LP₀〉の最適解を $(\boldsymbol{v}^*, \boldsymbol{u}^*)$ とし目的関数値を θ^* とする．そのとき，

定義 1.1（CCR 効率性）

1．$\theta^* = 1$ ならば DMU₀ は **CCR 効率的**であるという．

2．$\theta^* < 1$ ならば DMU₀ は **CCR 非効率的**であるという．

ただし，$\theta^* = 1$ の場合でも，入力の余剰や出力の不足が発生していることがあるので注意を要する．この点については後に説明する．

いま，DMU₀ が $\theta^* < 1$（CCR 非効率）のときを考察してみる．そのとき，制約式 (1.9) のなかにはウェイト $(\boldsymbol{v}^*, \boldsymbol{u}^*)$ に対して等式が成立している j が必ず存在するはずである．（そうでなければ，θ^* はもっと大きく取れる．）そのような j の集合を

$$E_0 = \left\{ j \,\middle|\, \sum_{r=1}^{s} u_r^* y_{rj} = \sum_{i=1}^{m} v_i^* x_{ij}, \;\; j = 1, \cdots, n \right\} \tag{1.12}$$

とする．E_0 に属するのは，DMU₀ を CCR 非効率と判定させる基になっている DMU である．その意味で DMU₀ に対する**優位集合**または**参照集合**という．また，優位集合 E_0 に属する DMU の張る凸集合を**効率的フロンティア**と呼ぶ．容易にわかるように，優位集合 E_0 に属する DMU はそれ自体 CCR 効率的である．

1.4 ◆ (v^*, u^*) の意味

〈LP₀〉の最適解として得られた $(\boldsymbol{v}^*, \boldsymbol{u}^*)$ の値は，DMU₀ に対する最適ウェイトを意味する．比率尺度の値は

$$\theta^* = \frac{\sum_{r=1}^{s} u_r^* y_{rj}}{\sum_{i=1}^{m} v_i^* x_{ij}} \tag{1.13}$$

である．(1.8) より上式の分母は 1 である．そして

$$\theta^* = \sum_{r=1}^{s} u_r^* y_{rj} \tag{1.14}$$

である．この $(\boldsymbol{v}^*, \boldsymbol{u}^*)$ は DMU_o にとって比率尺度を最大化するという目的のために最も好意的なウェイトの値である．DMU ごとに異なるので「可変ウェイト」と呼ばれる．v_i^* は入力項目に対する最適ウェイトであり，その大小によってその DMU のどの入力項目が高く評価されているかがわかるし，u_r^* は出力項目に対する最適ウェイトであり，その大小によってどの出力項目が高く評価されているかがわかる．さらに，$v_i^* x_{io}$ の個々の値をみるならば，仮想的入力

$$\sum_{i=1}^{m} v_i^* x_{ij} \,(= 1) \tag{1.15}$$

のなかでどの入力項目がどのぐらいの比重を占めるかがわかる．v_i^* の値は入力データの単位の取り方によって変わるので，$v_i^* x_{io}$ の値の方が比重をみるには適している．同様のことが $u_r^* y_{ro}$ の個々の値についても言える．これらの値は個々の DMU にとって，どの入出力項目に特徴があるかを示すものである．

1.5 ◆ 説明のための例題
....

ここでは，これまで述べたことを小さい例について解説するとともに，図解によって解の意味などについて説明する．

1.5.1……例題 1.1（1 入力，1 出力の場合）

表 1.1 に示すように A から H までの 8 個の DMU がありそれぞれ 1 個ずつの入力値，出力値をもつとする．（これは序章の最初の例である．）

表 1.1　例題 1.1

DMU	A	B	C	D	E	F	G	H
入力	2	3	3	4	5	5	6	8
出力	1	3	2	3	4	2	3	5

DMU_A の効率性を求める LP は v, u を入力と出力のウェイトとして次のようになる．

〈A〉　目的関数　$\max \theta = u$

　　　　制約式　　$2v = 1$

$$u \leqq 2v \quad \text{(A)} \qquad 3u \leqq 3v \quad \text{(B)}$$
$$2u \leqq 3v \quad \text{(C)} \qquad 3u \leqq 4v \quad \text{(D)}$$
$$4u \leqq 5v \quad \text{(E)} \qquad 2u \leqq 5v \quad \text{(F)}$$
$$3u \leqq 6v \quad \text{(G)} \qquad 5u \leqq 8v \quad \text{(H)}$$
$$v \geqq 0, \quad u \geqq 0.$$

この LP の最適解は，単体法によるまでもなく簡単な比率計算で求められ，$v^* = 0.5,\ u^* = 0.5,\ \theta^* = 0.5$ であり，A の効率性は 0.5 である．A の優位集合はこの u, v の値を上の制約式に代入することにより $E_{\mathrm{A}} = \{\mathrm{B}\}$ であることがわかる．すなわち，B の存在が A を非効率にしている．

DMU$_\mathrm{B}$ の効率性は次の LP により判定される．

〈B〉　目的関数　$\max \theta = 3u$

　　　　制約式　$3v = 1$

$$u \leqq 2v \quad \text{(A)} \qquad 3u \leqq 3v \quad \text{(B)}$$
$$2u \leqq 3v \quad \text{(C)} \qquad 3u \leqq 4v \quad \text{(D)}$$
$$4u \leqq 5v \quad \text{(E)} \qquad 2u \leqq 5v \quad \text{(F)}$$
$$3u \leqq 6v \quad \text{(G)} \qquad 5u \leqq 8v \quad \text{(H)}$$
$$v \geqq 0, \quad u \geqq 0.$$

この最適解は $v^* = 0.333,\ u^* = 0.333,\ \theta^* = 1$ あり，B は効率的であることがわかる．

同様に残りの DMU についても計算して，その結果を表にしたものが表 1.2 である．CCR 効率的な DMU は B のみであり，B はすべての DMU の優位集合となっている．（次ページ図 1.1 に図解を示す．）

表 1.2　例題 1.1 の計算結果

DMU	CCR 効率	優位集合
A	0.5000	B
B	1.0000	B
C	0.6667	B
D	0.7500	B
E	0.8000	B
F	0.4000	B
G	0.5000	B
H	0.6250	B

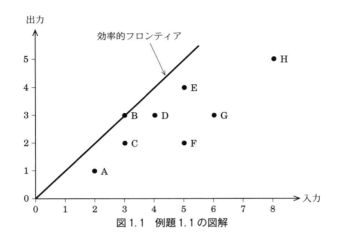

図 1.1　例題 1.1 の図解

1.5.2……例題 1.2（2 入力，1 出力の場合）

表 1.3 に示すように A から F までの 6 個の DMU があり，それぞれ 2 入力値，1 出力値をもつとする．ただし，出力値はいずれも 1 であるように正規化してある．

DMU$_A$ の効率性を求める LP は v_1, v_2, u を入力と出力のウェイトとして次のようになる．

〈A〉　目的関数　$\max \theta = u$

　　　　制約式　$4v_1 + 3v_2 = 1$

　　　　$u \leqq 4v_1 + 3v_2$　（A）　　　$u \leqq 7v_1 + 3v_2$　（B）

　　　　$u \leqq 8v_1 + v_2$　（C）　　　$u \leqq 4v_1 + 2v_2$　（D）

　　　　$u \leqq 2v_1 + 4v_2$　（E）　　　$u \leqq 10v_1 + v_2$　（F）

　　　　$v_1 \geqq 0, \ v_2 \geqq 0, \ u \geqq 0.$

この LP の最適解は，$v_1^* = 0.1429$，$v_2^* = 0.1429$，$u^* = 0.8571$，$\theta^* = 0.8571$ であり，A の効率性は 0.8571 である．A の優位集合はこの u, v_1, v_2 の値を上の制約式に代入することにより $E_A = \{D, E\}$ であることがわかる．すなわち，D, E の

表 1.3　例題 1.2

	DMU	A	B	C	D	E	F
入力	x_1	4	7	8	4	2	10
	x_2	3	3	1	2	4	1
出力	y	1	1	1	1	1	1

存在が A を非効率にしている.

　DMU$_\text{B}$ の効率性を求める LP は，v_1, v_2, u を入力と出力のウェイトとして次のようになる.

　〈B〉　目的関数　$\max \theta = u$

　　　　制約式　　$7v_1 + 3v_2 = 1$

　　　　　　　　　$u \leqq 4v_1 + 3v_2$　（A）　　　　$u \leqq 7v_1 + 3v_2$　（B）

　　　　　　　　　$u \leqq 8v_1 + v_2$　（C）　　　　$u \leqq 4v_1 + 2v_2$　（D）

　　　　　　　　　$u \leqq 2v_1 + 4v_2$　（E）　　　　$u \leqq 10v_1 + v_2$　（F）

　　　　　　　　　$v_1 \geqq 0,\ \ v_2 \geqq 0,\ \ u \geqq 0.$

この LP の最適解は，$v_1^* = 0.0526$，$v_2^* = 0.2105$，$u^* = 0.6316$，$\theta^* = 0.6316$ であり，B の効率性は 0.6316 である．B の優位集合はこの u, v_1, v_2 の値を上の制約式に代入することにより $E_\text{B} = \{\text{C}, \text{D}\}$ であることがわかる．すなわち，C, D の存在が B を非効率にしている．ここで，入力 1 と入力 2 の最適ウェイト $v_1^* = 0.0526$，$v_2^* = 0.2105$ の値の違いについて考察してみよう．DMU$_\text{B}$ の比率尺度（=（仮想的出力）/（仮想的入力））を相対的に最大化するためには，入力 2 に入力 1 のウェイトの $0.2105/0.0526 \fallingdotseq 4$ 倍を掛けたほうが有利であることを示す．B は入力 1 より入力 2 に特長があるとみることもできる．また，これらの値は入力 1 と入力 2 の感度係数としての意味をもつ．入力 2 の 1 単位の減少は入力 1 の 1 単位の減少に比べて，効率性という観点からは約 4 倍の効果をもっていることがわかる．仮に，入力 2 を 1 単位減らして $x_2 = 2$ として再計算すると $\theta^* = 0.8$ となるのに対して入力 1 を 1 単位減らして $x_1 = 6$ として再計算すると $\theta^* = 0.6667$ となり，入力 2 の削減のほうが影響力が大きいことがわかる.

　C, D, E は A または B の優位集合になっているので効率的である．（この点については文献[5]の 49 ページを参照されたい.）

　F に関する LP の解は $v_1^* = 0$，$v_2^* = 1$，$u^* = 1$，$\theta^* = 1$ であり，効率的である．しかし入力 1 のウェイトが 0 でまったく考慮されていないことに気付く．すなわち，入力 1 を無視すれば CCR 効率的になるということである．このことは，C と比較すれば明らかになる．C は（入力 1）= 8，（入力 2）= 1 であるのに対して，F は（入力 1）= 10，（入力 2）= 1 であり，C と比べて入力 1 に 2 だけ余剰（スラック）がある．この非効率性を隠すために入力 1 のウェイトを 0 にした最適解が得られたのである．しかし，入力 1 の余剰 2 を考えれば F を効率的と判定することは妥当ではない．CCR モデルを直接解いた場合，このよ

表 1.4 例題 1.2 の結果

DMU	x_1	x_2	y	CCR 効率	優位 集合	v_1	v_2	u
A	4	3	1	0.8571	D E	0.1429	0.1429	0.8571
B	7	3	1	0.6316	C D	0.0526	0.2105	0.6316
C	8	1	1	1	C	0.0833	0.3333	1
D	4	2	1	1	D	0.1667	0.1667	1
E	2	4	1	1	E	0.2143	0.1429	1
F	10	1	1	1	C	0	1	1

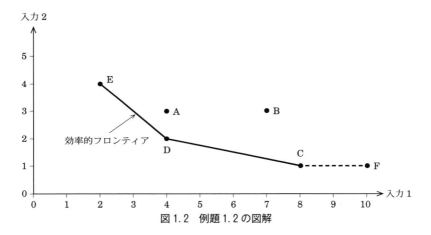

図 1.2 例題 1.2 の図解

うな余剰を発見することは困難である．1.8 節で説明する双対問題を解けば余剰の存在が明示的にわかる．

　例題 1.2 の CCR 効率値の一覧表を表 1.4 に，効率的フロンティアを図 1.2 に示す．

　先述のように，入力が 2 つで出力が 1 つの場合には，この例のように出力値を 1 に正規化することによって CCR モデルは図解することができるし，効率的フロンティアも容易に検出することができる．

1.6 ◆ 例題 1.2 のウェイトの図解

．．．．．．．．．．．．．．．．．．．．．

　ウェイト $(\boldsymbol{v}, \boldsymbol{u})$ と効率的フロンティアの関係について，前節の例題 1.2 の場合をもとに図解する．例題 1.2 は 2 入力，1 出力で，しかも出力値はすべて 1 になるように正規化してある．各 DMU の効率性を測定するための LP の制約

式には次の部分が共通に含まれている.

$$u \leqq 4v_1 + 3v_2 \quad \text{(A)} \qquad u \leqq 7v_1 + 3v_2 \quad \text{(B)}$$
$$u \leqq 8v_1 + v_2 \quad \text{(C)} \qquad u \leqq 4v_1 + 2v_2 \quad \text{(D)}$$
$$u \leqq 2v_1 + 4v_2 \quad \text{(E)} \qquad u \leqq 10v_1 + v_2 \quad \text{(F)}$$
$$v_1 \geqq 0, \ v_2 \geqq 0, \ u \geqq 0.$$

この各式を u で割れば次の 6 個の線形不等式ができる.

$$1 \leqq 4\left(\frac{v_1}{u}\right) + 3\left(\frac{v_2}{u}\right) \quad \text{(A)} \qquad 1 \leqq 7\left(\frac{v_1}{u}\right) + 3\left(\frac{v_2}{u}\right) \quad \text{(B)}$$
$$1 \leqq 8\left(\frac{v_1}{u}\right) + \left(\frac{v_2}{u}\right) \quad \text{(C)} \qquad 1 \leqq 4\left(\frac{v_1}{u}\right) + 2\left(\frac{v_2}{u}\right) \quad \text{(D)}$$
$$1 \leqq 2\left(\frac{v_1}{u}\right) + 4\left(\frac{v_2}{u}\right) \quad \text{(E)} \qquad 1 \leqq 10\left(\frac{v_1}{u}\right) + \left(\frac{v_2}{u}\right) \quad \text{(F)}$$
$$\frac{v_1}{u} \geqq 0, \ \frac{v_2}{u} \geqq 0.$$

いま，v_1/u と v_2/u を座標軸にとってこれらの線形不等式を図示すると図 1.3（次ページ）のようになり，不等号の向きを考慮すると，6 個の制約をすべて満たす領域は図の影の部分となる．この領域を P と呼ぶことにする．P の境界には 3 本の直線と座標軸が含まれるが，その 3 本の直線は効率的な DMU である C, D, E に対応するものである．このあたりの事情をまず，D を例として説明し，次に，非効率的な A について説明しよう.

DMU$_D$ の LP は

⟨D⟩　目的関数　max u

　　　　制約式　　$4v_1 + 2v_2 = 1$ 　　　　　　　　　　　　　　　　　　　(1.16)

と上の 6 本の制約式である．ここで，(1.16) を u で割って

$$4\left(\frac{v_1}{u}\right) + 2\left(\frac{v_2}{u}\right) = \frac{1}{u} \tag{1.17}$$

と変形してみる．目的関数は $u \rightarrow \max$ であるが，これは $1/u \rightarrow \min$ と同じことであるから，結局，この問題は

$$4\left(\frac{v_1}{u}\right) + 2\left(\frac{v_2}{u}\right) = k \tag{1.18}$$

という直線が領域 P と接する最小の k を求める問題に帰着する．図 1.3 から，明らかに，$k = 1$ すなわち $u = 1$ が D の直線であり，D が効率的であることがわかる．また，線分 (P_2, P_3) 上のどのウェイト (v_1, v_2) に対しても D は効率的

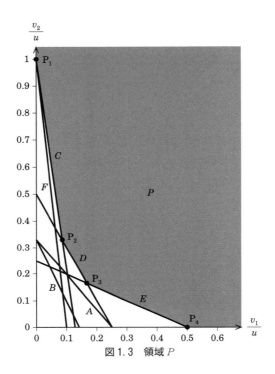

図1.3　領域 P

である．このことは，D を効率的にする (v_1, v_2) の最適解の値はユニークには定まらないことを示している．表 1.4 の D に対する (v_1, v_2) の値 $v_1 = 0.1667$，$v_2 = 0.1667$（この値は図 1.3 の点 P_3 に当たる）はその一例であるにすぎない．

同様に，C に対しては線分 (P_1, P_2) 上のどの (v_1, v_2) も最適ウェイトを与え，E に対しては線分 (P_3, P_4) 上のどの (v_1, v_2) も最適ウェイトを与える．

このように，一般に効率的な活動の最適ウェイト $(\boldsymbol{v}^*, \boldsymbol{u}^*)$ は 1 通りに定まらないことが多いので，その値を用いる議論は慎重にしなければならない．

次に，非効率的な DMU$_A$ に関する最適ウェイトを考察してみる．A の LP は，

〈A〉　目的関数　max u

$\qquad$ 制約式　$4v_1 + 3v_2 = 1$ $\hfill (1.19)$

および，上の 6 本の線形不等式である．D の場合と同様に (1.19) を変形して

$$4\left(\frac{v_1}{u}\right) + 3\left(\frac{v_2}{u}\right) = k \hfill (1.20)$$

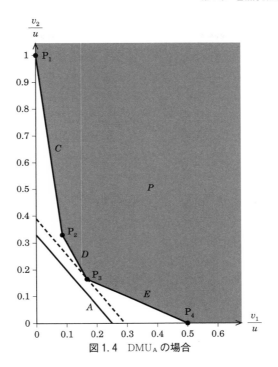

図 1.4　DMU$_A$ の場合

とすれば，この直線の右辺の値 k を領域 P のなかで最小化するものを求める問題に帰着することがわかる．図 1.4 を参照すれば，直線 A を平行移動して領域 P と接する最初の点 P$_3$ がそのような k を与える．点 P$_3$ は直線 D と E の交点であり，そのことが DMU$_A$ の優位集合が D と E から成ることを示している．簡単な計算から，$k = 1/0.8571$ である．このことから，A の効率値は $u = 0.8571$ であることがわかる．点 P$_3$ の v_1, v_2 の値は，

$$v_1 = 0.1667 \times 0.8571 = 0.1429, \qquad v_2 = 0.1667 \times 0.8571 = 0.1429 \qquad (1.21)$$

であり，これが A に対する最適ウェイトである．この場合，最適ウェイトはユニークに定まる．多くの場合，非効率的な活動に対する最適ウェイトはユニークに定まる．例外的なケースとして，領域 P の境界線と同一の勾配をもつ非効率的な活動の場合には最適ウェイトは 1 通りには定まらない．

1.7 ◆ 生産可能集合

....

これまで n 個の DMU の入力と出力の対 $(\boldsymbol{x}_j, \boldsymbol{y}_j)$ $(j = 1, \cdots, n)$ をもとに話を進めてきた．ここで入力 $\boldsymbol{x} \in R^m$ と出力 $\boldsymbol{y} \in R^s$ の対を一般に**活動**と呼び，$(\boldsymbol{x}, \boldsymbol{y})$ で表すことにする．$(\boldsymbol{x}, \boldsymbol{y})$ は $(m+s)$ 次元ユークリッド空間の点とみることができる．活動の集合を**生産可能集合**と呼び，記号 P で表す．P に対して次の仮定を設ける．

- (A1) 現存の各活動 $(\boldsymbol{x}_j, \boldsymbol{y}_j)$ $(j = 1, \cdots, n)$ は P に属する．
- (A2) P に属する活動 $(\boldsymbol{x}, \boldsymbol{y})$ に対して，それを k 倍した活動 $(k\boldsymbol{x}, k\boldsymbol{y})$ は P に属する．これを「規模のリターン（収穫）が一定」(Constant Returns-to-Scale = CRS) の仮定と言う．
- (A3) P に属する任意の活動 $(\boldsymbol{x}, \boldsymbol{y})$ に対して $\overline{\boldsymbol{x}} \geqq \boldsymbol{x}$, $\overline{\boldsymbol{y}} \leqq \boldsymbol{y}$ を満たす $(\overline{\boldsymbol{x}}, \overline{\boldsymbol{y}})$ は P に属する．すなわち，x に対して余剰の入力をもち，y に対して不足の出力をもつ活動は可能である．
- (A4) P に属する活動の非負結合の活動は P に属する[1]．

データ $\boldsymbol{X} = (\boldsymbol{x}_j)$, $\boldsymbol{Y} = (\boldsymbol{y}_j)$ をもとに，(A1) から (A4) までの仮定を満たす集合 P を作れば

$$P = \{(\boldsymbol{x}, \boldsymbol{y}) \mid \boldsymbol{x} \geqq \boldsymbol{X}\boldsymbol{\lambda}, \ \boldsymbol{y} \leqq \boldsymbol{Y}\boldsymbol{\lambda}, \ \boldsymbol{\lambda} \geqq \boldsymbol{0}\} \tag{1.22}$$

と表される．ここに，$\boldsymbol{\lambda}$ は n 次元の非負ベクトルである．

以上の仮定を満たす生産可能集合 P を 1 入力，1 出力の場合について図示すれば図 1.5（次ページ）のようになる．

7 個の活動をもとに構成された生産可能領域を決定するのは点 B である．原点と点 B を結ぶ線分が効率的フロンティアである．

---

1 仮定 (A2) は (A4) に含まれるが一応別記しておく．

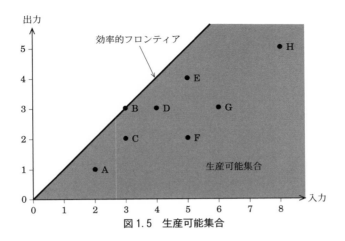

図 1.5　生産可能集合

1.8 ◆ CCR モデルとその双対問題

....

　CCR モデルは，入力のウェイトベクトル $\boldsymbol{v}$ と出力のウェイトベクトル $\boldsymbol{u}$ を変数として，次の LP により表された．なお，上付きの T は転置を意味する．

　〈CCR$_o$〉　目的関数　$\max \boldsymbol{u}^T \boldsymbol{y}_o$ 　　　　　　　　　　　　(1.23)

　　　　　　　制約式　　$\boldsymbol{v}^T \boldsymbol{x}_o = 1$ 　　　　　　　　　　　　　　(1.24)

　　　　　　　　　　　　$-\boldsymbol{v}^T X + \boldsymbol{u}^T Y \leqq \boldsymbol{0}$ 　　　　　　　　(1.25)

　　　　　　　　　　　　$\boldsymbol{v} \geqq \boldsymbol{0}, \ \boldsymbol{u} \geqq \boldsymbol{0}.$ 　　　　　　　　　　　(1.26)

　この問題の双対問題は実数 θ とベクトル $\boldsymbol{\lambda} = (\lambda_1, \cdots, \lambda_n)^T$ を変数として次のようになる．

　〈LP$_o$〉　目的関数　$\min \theta$ 　　　　　　　　　　　　　　　(1.27)

　　　　　　制約式　　$\theta \boldsymbol{x}_o - X\boldsymbol{\lambda} \geqq \boldsymbol{0}$ 　　　　　　　　　　(1.28)

　　　　　　　　　　　$\boldsymbol{y}_o - Y\boldsymbol{\lambda} \leqq \boldsymbol{0}$ 　　　　　　　　　　　(1.29)

　　　　　　　　　　　$\boldsymbol{\lambda} \geqq \boldsymbol{0}.$ 　　　　　　　　　　　　　(1.30)

この LP が実行可能であることは $\theta = 1$，$\lambda_o = 1$，$\lambda_j = 0 \ (j \neq o)$ とすれば明らかである．したがって，θ の最適値 θ^* は 1 を越えない．

　ここで，前節の生産可能集合 P との関係を考察する．〈LP$_o$〉の制約式は活動 $(\theta \boldsymbol{x}_o, \boldsymbol{y}_o)$ が P に属することを要求している．目的関数は入力 $\boldsymbol{x}_o$ を一様に θ 倍縮小するときの，最小の縮小率を求めている．すなわち，DMU$_o$ の出力 $\boldsymbol{y}_o$ 以上を保証しながら，入力を最大限縮小するような活動を P の中で探していること

に当たる（入力指向モデル）．前節の仮説の下では，上の制約式を満たす限り，活動 $(X\lambda, Y\lambda)$ は活動 $(\theta x_o, y_o)$ より一般に優れたものであるということができる．この観点から，入力の余剰 $s^- \in R^m$ と出力の不足 $s^+ \in R^s$ を次により定義する（スラック）．

$$s^- = \theta x_o - X\lambda, \qquad s^+ = Y\lambda - y_o \tag{1.31}$$

$\langle LP_o \rangle$ の実行可能解 (θ, λ) に対しては，$s^- \geqq 0$，$s^+ \geqq 0$ である．θ^* は前節の $\langle CCR_o \rangle$ の最適目的関数値と一致する．すなわち，CCR 効率値である．

1.9 ◆ 優位集合と効率化への改善案
．．．．．．．．．．．．．．．．．．．．

定義 1.4（優位集合） DMU$_o$ が非効率的であるとき

$$E_o = \{j \mid \lambda_j^* > 0, \ j = 1, \cdots, n\}. \tag{1.36}$$

を DMU$_o$ に対する**優位集合**または**参照集合**という．

命題 1.1 優位集合 E_o に属する活動は効率的である．また，E_o に属する活動の非負結合からなる活動が効率的である．

活動 (θ^*, x_o, y_o) はこの集合を用いて次のように表すことができる．

$$\theta^* x_o = \sum_{j \in E_o} \lambda_j x_j + s^{-*}$$

$$= （優位集合の入力の非負結合）+（余剰） \tag{1.37}$$

$$y_o = \sum_{j \in E_o} \lambda_j y_j - s^{+*}$$

$$= （優位集合の出力の非負結合）-（不足） \tag{1.38}$$

すなわち，活動 (x_o, y_o) は入力を θ^*（= CCR 効率値）倍に縮小し，さらに余剰を除去し，出力に不足分を追加すれば効率的な活動になることを示している．これは改善のための 1 つの指針を意味する．現在の DMU$_o$ の入出力 (x_o, y_o) を効率化する 1 つの方法は次のようなものである．入力の過剰量 Δx_o は

$$\Delta x_o = x_o - (\theta^* x_o - s^{-*}) = (1 - \theta^*) x_o + s^{-*} \tag{1.39}$$

であり，出力の不足量 Δy_o は

$$\Delta y_o = s^{+*} \tag{1.40}$$

であるから，

$$\boldsymbol{x}_o \Longrightarrow \boldsymbol{x}_o - \Delta\boldsymbol{x}_o = \theta^*\boldsymbol{x}_o - \boldsymbol{s}^{-*} \tag{1.41}$$

$$\boldsymbol{y}_o \Longrightarrow \boldsymbol{y}_o + \Delta\boldsymbol{y}_o = \boldsymbol{y}_o + \boldsymbol{s}^{+*} \tag{1.42}$$

とすれば効率的な活動となる.

1.10 ◆ 出力を対象としたモデル

これまでのモデルは生産可能集合のなかで，当該の DMU の出力を最小限保証した上で，入力値を最小にする活動を求めることであった．それに対して，現在の入力を前提として，期待できる最大の出力を生産可能集合のなかで求める出力指向モデルも考えられる．それは，次の LP により定式化される．

〈LPO_o〉　目的関数　$\max \eta$ (1.43)

制約式　$\boldsymbol{x}_o - X\mu \geqq \boldsymbol{0}$ (1.44)

$\eta\boldsymbol{y}_o - Y\mu \leqq \boldsymbol{0}$ (1.45)

$\mu \geqq \boldsymbol{0}$ (1.46)

このモデルの最適解は次のような変形により，入力指向モデルの最適解から容易に得ることができる．いま，

$$\lambda = \frac{\mu}{\eta}, \qquad \theta = \frac{1}{\eta} \tag{1.47}$$

とおけば，上の LP は

〈LP_o〉　目的関数　$\min \theta$

制約式　$\theta\boldsymbol{x}_o - X\lambda \geqq \boldsymbol{0}$

$\boldsymbol{y}_o - Y\lambda \leqq \boldsymbol{0}$

$\lambda \geqq \boldsymbol{0}.$

となり，入力指向モデルと一致する．したがって，出力指向モデルの最適解は，入力指向モデルの最適解 θ^* より，

$$\eta^* = \frac{1}{\theta^*}, \qquad \mu^* = \frac{\lambda^*}{\theta^*} \tag{1.48}$$

となる．また，出力指向モデルのスラックを $(\boldsymbol{t}^-, \boldsymbol{t}^+)$ とすれば

$$X\mu + \boldsymbol{t}^- = \boldsymbol{x}_o, \qquad Y\mu - \boldsymbol{t}^+ = \eta\boldsymbol{y}_o$$

であり，入力指向モデルのスラック解から

$$\boldsymbol{t}^{-*} = \frac{\boldsymbol{s}^{-*}}{\theta^*}, \qquad \boldsymbol{t}^{+*} = \frac{\boldsymbol{s}^{+*}}{\theta^*} \tag{1.49}$$

により，計算できる．出力モデルの最適目的関数値 η^* は

$$\eta^* \geqq 1 \tag{1.50}$$

であり，1 より大きいほど効率性は劣ることになる．θ^* が入力の縮小率を示すのに対して，η^* は出力の拡大率を意味する．

〈LPO$_o$〉の双対問題は p, q を変数として次の LP になる．

〈CCRO$_o$〉　目的関数　$\min \boldsymbol{p}^T \boldsymbol{x}_o$ $\tag{1.51}$

制約式　$\boldsymbol{q}^T \boldsymbol{y}_o = 1$ $\tag{1.52}$

$-\boldsymbol{p}^T X + \boldsymbol{q}^T Y \leqq \boldsymbol{0}$ $\tag{1.53}$

$\boldsymbol{p} \geqq \boldsymbol{0}, \quad \boldsymbol{q} \geqq \boldsymbol{0}.$ $\tag{1.54}$

定理 1.2　入力指向モデル〈CCR$_o$〉の最適解を $(\boldsymbol{v}^*, \boldsymbol{u}^*)$ とするとき，

$$\boldsymbol{p}^* = \frac{\boldsymbol{v}^*}{\theta^*}, \qquad \boldsymbol{q}^* = \frac{\boldsymbol{u}^*}{\theta^*} \tag{1.55}$$

は出力指向モデルの最適解である．

証明　$(\boldsymbol{p}^*, \boldsymbol{q}^*)$ が〈CCRO$_o$〉の可能解であることは容易に確かめることができる．最適解であることは

$$(\boldsymbol{p}^*)^T \boldsymbol{x}_o = \frac{(\boldsymbol{v}^*)^T \boldsymbol{x}_o}{\theta^*} = \eta^* \tag{1.56}$$

であることから明らか．　　　　　　　　　　　　　　　（証明終り）

以上の考察により，出力を対象とするモデルの解は，入力を対象とするモデルの解からすべて導かれることが示された．このモデルによる効率化への改善の一案は (1.41), (1.42) を参考にして次のようになる．

$$\boldsymbol{x}_o \Longrightarrow \boldsymbol{x}_o - \boldsymbol{t}^{-*} \tag{1.57}$$

$$\boldsymbol{y}_o \Longrightarrow \eta^* \boldsymbol{y}_o + \boldsymbol{t}^{+*}. \tag{1.58}$$

〈CCRO$_o$〉は次の分数計画問題〈FP$_o$〉と同値である．

〈FP$_o$〉　目的関数　$\min \dfrac{\boldsymbol{p}^T \boldsymbol{x}_o}{\boldsymbol{q}^T \boldsymbol{y}_o}$ $\tag{1.59}$

制約式　$\dfrac{\boldsymbol{p}^T \boldsymbol{x}_j}{\boldsymbol{q}^T \boldsymbol{y}_j} \geqq 1 \quad (j = 1, \cdots, n)$ $\tag{1.60}$

$\boldsymbol{p} \geqq \boldsymbol{0}, \quad \boldsymbol{q} \geqq \boldsymbol{0}.$ $\tag{1.61}$

すなわち，最初に提起した，比率尺度に基づく分数計画問題において分子と分母を入れ換えて，目的関数を最小化にしたものである．入力指向モデルと出力指向モデルの違いは，同じ問題を異なる LP に変形したことによる違いであって，両者の最適解が自明な関係によって結びついているのは当然のことである．しかしながら，現実の問題意識としては，入力の最小化と出力の最大化という立場で大きな相違が生じることになる点に注意したい．次節以降において包絡分析法のさまざまなモデルを考察するが，多くの場合この2つのアプローチが可能である．

1.11 ◆ 凸包モデル
·······················

この節では CCR モデルの展開として BCC（Banker-Charnes-Cooper）モデル等の凸包モデルについて述べる．

1.11.1……凸包モデルの特徴

この節のモデルは，活動のデータ集合 $(\boldsymbol{X}, \boldsymbol{Y})$ の凸包に関連するので**凸包モデル**と総称する．CCR モデルでは生産可能集合を

$$\boldsymbol{x} \geq \boldsymbol{X}\lambda \tag{1.62}$$

$$\boldsymbol{y} \leq \boldsymbol{Y}\lambda \tag{1.63}$$

$$\lambda \geq \boldsymbol{0} \tag{1.64}$$

を満たす活動 $(\boldsymbol{x}, \boldsymbol{y})$ の集合として定義した．λ には非負条件のみが付けられていたが，ここで，

$$L \leq \boldsymbol{e}\lambda \leq U \tag{1.65}$$

という形の制約を付ける．これは一般化されたモデルで，GRS（Generalized returns-to-Scale）モデルと呼ばれ，$0 \leq L \leq 1,\ 1 \leq U \leq \infty$ である．CCR モデルは $L = 0,\ U = \infty$ という場合に当たる．この節では，λ の存在範囲を CCR モデルよりももっと狭くする．

この型のモデルによる効率性の測定は，入力指向型の場合，次の LP によりなされる．

〈GRS-I$_o$〉 目的関数 $\min \theta$ $\tag{1.66}$

制約式 $\theta \boldsymbol{x}_o \geq \boldsymbol{X}\lambda$ $\tag{1.67}$

$\boldsymbol{y}_o \leq \boldsymbol{Y}\lambda$ $\tag{1.68}$

$$L \leqq e\lambda \leqq U \tag{1.69}$$

$$\lambda \geqq \boldsymbol{0}. \tag{1.70}$$

この LP の最適解を $(\theta^*, \boldsymbol{\lambda}^*)$ とし，入力の余剰と出力の不足を $(\boldsymbol{s}^{-*}, \boldsymbol{s}^{+*})$ とするとき，一般に $\theta^* \leqq 1$ であるが，$\theta^* = 1$ で，スラックレス $(\boldsymbol{s}^{-*} = \boldsymbol{0}, \ \boldsymbol{s}^{+*} = \boldsymbol{0})$ であるとき，活動 $(\boldsymbol{x}_o, \boldsymbol{y}_o)$ を**効率的**であるという．

出力指向型の場合，次の LP によりなされる．

〈GRS-O$_o$〉　目的関数　$\max \eta$ $\tag{1.71}$

制約式　　$\boldsymbol{x}_o \geqq \boldsymbol{X}\lambda$ $\tag{1.72}$

$\eta\boldsymbol{y}_o \leqq \boldsymbol{Y}\lambda$ $\tag{1.73}$

$L \leqq e\lambda \leqq U$ $\tag{1.74}$

$\lambda \geqq \boldsymbol{0}.$ $\tag{1.75}$

この LP の最適解を $(\eta^*, \boldsymbol{\lambda}^*)$ とし，入力の余剰と出力の不足を $(\boldsymbol{t}^{-*}, \boldsymbol{t}^{+*})$ とするとき，一般に $\eta^* \geqq 1$ であるが，$\eta^* = 1$ で，スラックレス $(\boldsymbol{t}^{-*} = \boldsymbol{0}, \ \boldsymbol{t}^{+*} = \boldsymbol{0})$ であるとき，活動 $(\boldsymbol{x}_o, \boldsymbol{y}_o)$ を**効率的**であるという．入力指向型で効率的な活動は出力指向型でも効率的であり，その逆も成立する．

これらのモデルに基づく効率性の改善案は，CCR モデルの場合と同様に，入力型においては(1.41), (1.42)式により，出力型においては(1.57), (1.58)式により示される．

1.11.2……BCC モデル

文献[1]は $L = U = 1$ とした BCC モデルを提案したが，このモデルによる生産可能集合は，現存する活動集合の点の凸包と，その凸包の点より大なる入力と小なる出力をもつ点から構成されることになる．図 1.6（次ページ）に 1 入力，1 出力の場合（例題 1.1）の生産可能集合を示す．この図からもわかるように，規模の変化による効率性の変動を，現存する活動に準拠して考慮している．規模に関する効率性が可変であることから，これを Variable Returns-to-Scale (VRS) モデルと呼ぶ．

BCC モデルに基づく入力指向型の効率性の測定は次の LP によって行われる．

〈BCC-I$_o$〉　目的関数　$\min \theta$ $\tag{1.76}$

制約式　　$\theta\boldsymbol{x}_o \geqq \boldsymbol{X}\lambda$ $\tag{1.77}$

$\boldsymbol{y}_o \leqq \boldsymbol{Y}\lambda$ $\tag{1.78}$

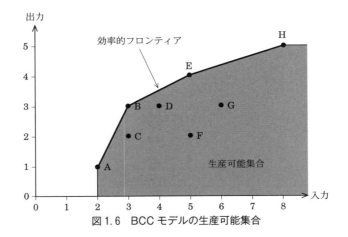

図 1.6　BCC モデルの生産可能集合

$$e\lambda = 1 \tag{1.79}$$

$$\lambda \geqq \mathbf{0}. \tag{1.80}$$

　BCC モデルによる効率値は一般に CCR モデルのものより大きくなる．極端な場合，CCR モデルで効率がほとんど 0 に近く判定された活動が，BCC モデルでは 1 となることもあるので，モデルの妥当性について慎重に検討しなければならない．

1.12 ◆ スラック基準モデル（SBM）
....

　この節では非軸的（non-radial）モデルについて説明する．

1.12.1……基本モデルからの展開

　DEA の基本となる CCR, BCC モデルの欠点として，次の点があげられる．

（1）入力指向か出力指向のいずれかのモデルであり，両方を考慮した効率性指標がない．
（2）入力の一律削減か，出力の一律増加を前提としていて，個別の項目への配慮がない．例えば，入力として労働，資本，資材を採用した場合，実際には，これらには代替性があり，一律に削減はできない．
（3）スラックが効率値にカウントされていない．スラックが効率に影響を与

えるような場合に，対応できない．

スラック s^-, s^+ を目的関数の対象としたモデルをスラック基準モデル（Slacks-based Measure = SBM）と呼ぶ．文献[9]，[11]を参照されたい．

1.12.2……入力指向 SBM（SBM-I-C$_o$）

(x_o, y_o) $(o = 1, \cdots, n)$ につき，次の線形計画を解く．

〈SBM-I-C$_o$〉　目的関数　$\displaystyle \rho_I^* = \min_{\lambda, s^-, s^+} 1 - \frac{1}{m} \sum_{i=1}^{m} \frac{s_i^-}{x_{io}}$ 　　　　(1.81)

　　　　　　制約式　$\displaystyle \sum_{j=1}^{n} x_{ij}\lambda_j + s_i^- = x_{io}$ 　　$(i = 1, \cdots, m)$ 　(1.82)

　　　　　　　　　$\displaystyle \sum_{j=1}^{n} y_{rj}\lambda_j - s_r^+ = y_{ro}$ 　　$(r = 1, \cdots, s)$ 　(1.83)

　　　　　　　　　$\lambda_j \geqq 0 \; (\forall j), \; s_i^- \geqq 0 \; (\forall i), \; s_r^+ \geqq 0 \; (\forall r).$

　　　　　　　　　　　　　　　　　　　　　　　　　　　　　　(1.84)

この線形計画の最適解を $(\rho_I^*, \lambda^*, s^{-*}, s^{+*})$ とする．

定義 1.5（入力指向 SBM-I-C$_o$ 効率性）

1．$\rho_I^* = 1$ ならば DMU$_o$ は SBM-I-C$_o$ 効率的であるという．これは $s^{-*} = 0$ と同値である．

2．$\rho_I^* < 1$ ならば DMU$_o$ は SBM-I-C$_o$ 非効率的であるという．

命題 1.2　DMU$_o$ が SBM-I-C$_o$ 非効率的であるとき，$(x_o - s^{-*}, y_o)$ は SBM-I-C$_o$ 効率的である．

命題 1.3　SBM-I-C$_o$ の効率値は CCR の効率値より大きくはならない，すなわち，CCR の効率値と比較して，$\rho_I^* \leqq \theta^*$ である．

1.12.3……出力指向 SBM（SBM-O-C$_o$）

〈SBM-O-C$_o$〉　目的関数　$\displaystyle \frac{1}{\rho_O^*} = \max_{\lambda, s^-, s^+} 1 + \frac{1}{s} \sum_{r=1}^{s} \frac{s_r^+}{y_{ro}}$ 　(1.85)

　　　　　　制約式　$\displaystyle \sum_{j=1}^{n} x_{ij}\lambda_j + s_i^- = x_{io}$ 　　$(i = 1, \cdots, m)$ 　(1.86)

$$\sum_{j=1}^{n} y_{rj}\lambda_j - s_r^+ = y_{ro} \qquad (r = 1, \cdots, s) \tag{1.87}$$

$$\lambda_j \geqq 0 \ (\forall j), \ s_i^- \geqq 0 \ (\forall i), \ s_r^+ \geqq 0 \ (\forall r). \tag{1.88}$$

命題 1.4　DMU$_o$ が SBM-O-C$_o$ 非効率的であるとき，$(\boldsymbol{x}_o, \boldsymbol{y}_o + \boldsymbol{s}^{+*})$ は SBM-O-C$_o$ 効率的である.

1.12.4……両指向 SBM (SBM-C$_o$)

〈SBM-C$_o$〉　目的関数　$\displaystyle \rho_{IO}^* = \min_{\lambda, s^-, s^+} \frac{1 - \dfrac{1}{m}\sum_{i=1}^{m}\dfrac{s_i^-}{x_{io}}}{1 + \dfrac{1}{s}\sum_{r=1}^{s}\dfrac{s_r^+}{y_{ro}}}$ \hfill (1.89)

制約式　$\displaystyle \sum_{j=1}^{n} x_{ij}\lambda_j + s_i^- = x_{io} \qquad (i = 1, \cdots, m)$ \hfill (1.90)

$\displaystyle \sum_{j=1}^{n} y_{rj}\lambda_j - s_r^+ = y_{ro} \qquad (r = 1, \cdots, s)$ \hfill (1.91)

$\lambda_j \geqq 0 \ (\forall j), \ s_i^- \geqq 0 \ (\forall i), \ s_r^+ \geqq 0 \ (\forall r).$ \hfill (1.92)

定義 1.6（両指向 SBM-C$_o$ 効率性）

1. $\rho_{IO}^* = 1$ ならば DMU$_o$ は SBM-C$_o$ 効率的であるという．これは $\boldsymbol{s}^{-*} = \boldsymbol{0}$, $\boldsymbol{s}^{+*} = \boldsymbol{0}$ と同値である.
2. $\rho_{IO}^* < 1$ ならば DMU$_o$ は SBM-C$_o$ 非効率的であるという.

命題 1.5　DMU$_o$ が SBM-C$_o$ 非効率的であるとき，$(\boldsymbol{x}_o - \boldsymbol{s}^{-*}, \boldsymbol{y}_o + \boldsymbol{s}^{+*})$ は SBM-C$_o$ 効率的である.

1.12.5……VRS モデル：SBM-I-V, SBM-O-V, SBM-V

規模の効率性が可変であるモデルは BCC モデルと同様に，$\boldsymbol{\lambda}$ に次の制約を付加することによって実現される.

$$\sum_{j=1}^{n} \lambda_j = 1 \tag{1.93}$$

1. 12. 6……例題

2入力 x_1, x_2 と1出力 y, 12 DMU の例を表 1.5 に示す.

表 1.6（次ページ）に CCR-I$_o$ と SBM-I$_o$-C$_o$ の結果を, 図 1.7 に両スコアを比較したグラフを示す. なお, CCR-I$_o$ は入力指向の CCR モデルを指し, 〈LP$_o$〉と同義である.

さらに, 表 1.7（40 ページ）には, CCR-I$_o$ と SBM-I-C$_o$ のスラックの比較を示す. SBM-I-C$_o$ では入力にスラックがある DMU はすべて非効率となっているが, CCR-I$_o$ ではスラックがあっても効率的な DMU（A, B, C）がある.

表 1.5　データ

DMU	x_1	x_2	y
A	1	12	1
B	2	11	2
C	3	10	3
D	4	9	4
E	5	8	1
F	6	7	2
G	7	6	3
H	8	5	4
I	9	4	1
J	10	3	2
K	11	2	3
L	12	1	4

表 1.6　スコアとランク

DMU	CCR-I_o		SBM-I-C_o	
	Score	Rank	Score	Rank
A	1	1	0.59375	8
B	1	1	0.70455	6
C	1	1	0.8375	4
D	1	1	1	1
E	0.25	11	0.24062	11
F	0.5	9	0.4881	9
G	0.75	7	0.72917	5
H	1	1	1	1
I	0.25	11	0.19792	12
J	0.5	9	0.38333	10
K	0.75	7	0.59659	7
L	1	1	1	1

Average	0.75		0.6476	

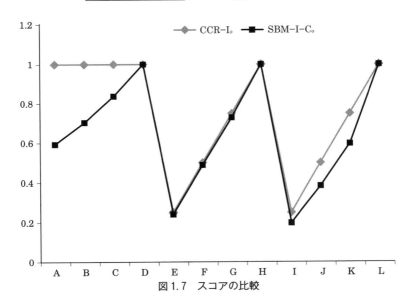

図 1.7　スコアの比較

表 1.7　CCR-I。と SBM-I-C。のスラックの比較

| | CCR-I。 | | | | SBM-I-C。 | | | |
| | Score | Slack | Slack | Slack | Score | Slack | Slack | Slack |
DMU	θ	x_1	x_2	y	θ	x_1	x_2	y
A	1	0	9.75	0	0.59375	0	9.75	0
B	1	0	6.5	0	0.70455	0	6.5	0
C	1	0	3.25	0	0.8375	0	3.25	0
D	1	0	0	0	1	0	0	0
E	0.25	0	0	0	0.24062	4	5.75	0
F	0.5	0	0	0	0.4881	4	2.5	0
G	0.75	0	0	0	0.72917	0	3.25	0
H	1	0	0	0	1	0	0	0
I	0.25	0	0	0	0.19792	6	3.75	0
J	0.5	0	0	0	0.38333	4	2.5	0
K	0.75	0	0	0	0.59659	2	1.25	0
L	1	0	0	0	1	0	0	0

1. 12. 7……CCR（BCC）と SBM の比較

　CCR や BCC モデルのように入出力の一律の縮小や拡大を前提とするモデル
を軸的(radial)モデルと呼び，SBM のように個別に取扱うモデルを非軸的
（non-radial)モデルと呼ぶ．入力間(出力間)の相関が強く，スラックが無視で
きるような場合には CCR（BCC)モデルが適用できるが，そうでない場合には
SBM モデルを適用することができる．前節の例のように効率的な DMU の判
定も両者で異なることが多く，したがって非効率的な DMU の改善案も異なる．
前節のデータの CCR-I。と SBM-I-C。による改善案を表 1.8 と表 1.9（次ペー
ジ)に示す．

表 1.8　CCR-I$_o$ による改善案

DMU	Score	x_1 Data	x_1 改善案	x_2 Data	x_2 改善案	y Data	y 改善案
A	1	1	1	12	2.25	1	1
B	1	2	2	11	4.5	2	2
C	1	3	3	10	6.75	3	3
D	1	4	4	9	9	4	4
E	0.25	5	1.25	8	2	1	1
F	0.5	6	3	7	3.5	2	2
G	0.75	7	5.25	6	4.5	3	3
H	1	8	8	5	5	4	4
I	0.25	9	2.25	4	1	1	1
J	0.5	10	5	3	1.5	2	2
K	0.75	11	8.25	2	1.5	3	3
L	1	12	12	1	1	4	4

表 1.9　SBM-I-C$_o$ による改善案

DMU	Score	x_1 Data	x_1 改善案	x_2 Data	x_2 改善案	y Data	y 改善案
A	0.59375	1	1	12	2.25	1	1
B	0.70455	2	2	11	4.5	2	2
C	0.8375	3	3	10	6.75	3	3
D	1	4	4	9	9	4	4
E	0.24062	5	1	8	2.25	1	1
F	0.4881	6	2	7	4.5	2	2
G	0.72917	7	7	6	2.75	3	3
H	1	8	8	5	5	4	4
I	0.19792	9	3	4	0.25	1	1
J	0.38333	10	6	3	0.5	2	2
K	0.59659	11	9	2	0.75	3	3
L	1	12	12	1	1	4	4

1. 13 ◆ SBM モデルの展開

....

この節では SBM モデルの展開として「超効率性（super-efficiency）」と「望ましくない産出（undesirable output）」の取り扱いについて述べる.

1. 13. 1……超効率性

DEA では効率的な DMU は効率値 1 であるが，その枠を外して 1 以上の値を許容して評価するのが超効率性である. SBM の場合，入力指向，出力指向，両指向の 3 つのモデルがある. 文献[12]を参照されたい.

（a） 入力指向超効率性

いま DMU$_o$ $(\boldsymbol{x}_o, \boldsymbol{y}_o)$ が効率的であるとする. そのとき，その超効率性を次の LP を解いて求める.

⟨Super-SBM-I-C$_o$⟩ 目的関数 $\quad \delta^* = \min 1 + \dfrac{1}{m} \sum\limits_{i=1}^{m} \dfrac{s_i^-}{x_{io}}$ （1.94）

$\qquad\qquad\qquad$ 制約式 $\quad \boldsymbol{x}_o + \boldsymbol{s}^- = \sum\limits_{j=1, j \neq o}^{n} \boldsymbol{x}_j \lambda_j$ （1.95）

$\qquad\qquad\qquad\qquad\qquad \boldsymbol{y}_o - \boldsymbol{s}^+ = \sum\limits_{j=1, j \neq o}^{n} \boldsymbol{y}_j \lambda_j$ （1.96）

$\qquad\qquad\qquad\qquad\qquad \boldsymbol{\lambda} \geqq \boldsymbol{0}, \ \boldsymbol{s}^- \geqq \boldsymbol{0}, \ \boldsymbol{s}^+ \geqq \boldsymbol{0}.$ （1.97）

その意味は，$(\boldsymbol{x}_o, \boldsymbol{y}_o)$ を除く DMU が構成する生産可能集合の中で $(\boldsymbol{x}_o, \boldsymbol{y}_o)$ に最も近い入力点を求めて，その距離を目的関数の値にして超効率値としたことに当たる.

（b） 出力指向超効率性

以下は，出力を対象として超効率を求めるものである.

⟨Super-SBM-O-C$_o$⟩ 目的関数 $\quad \dfrac{1}{\delta^*} = \max 1 - \dfrac{1}{s} \sum\limits_{r=1}^{s} \dfrac{s_r^+}{y_{ro}}$ （1.98）

$\qquad\qquad\qquad$ 制約式 $\quad \boldsymbol{x}_o + \boldsymbol{s}^- = \sum\limits_{j=1, j \neq o}^{n} \boldsymbol{x}_j \lambda_j$ （1.99）

$\qquad\qquad\qquad\qquad\qquad \boldsymbol{y}_o - \boldsymbol{s}^+ = \sum\limits_{j=1, j \neq o}^{n} \boldsymbol{y}_j \lambda_j$ （1.100）

$\qquad\qquad\qquad\qquad\qquad \boldsymbol{\lambda} \geqq \boldsymbol{0}, \ \boldsymbol{s}^- \geqq \boldsymbol{0}, \ \boldsymbol{s}^+ \geqq \boldsymbol{0}.$ （1.101）

(c)　両指向超効率性

入力，出力の両方を考慮した超効率である．

〈Super-SBM-C$_o$〉　目的関数　$\displaystyle \delta^* = \min \frac{1 + \dfrac{1}{m} \sum_{i=1}^{m} \dfrac{s_i^-}{x_{io}}}{1 - \dfrac{1}{s} \sum_{r=1}^{s} \dfrac{s_r^+}{y_{ro}}}$　　(1.102)

制約式　$\displaystyle \boldsymbol{x}_o + \boldsymbol{s}^- = \sum_{j=1, j \neq o}^{n} \boldsymbol{x}_j \lambda_j$　　(1.103)

$\displaystyle \boldsymbol{y}_o - \boldsymbol{s}^+ = \sum_{j=1, j \neq o}^{n} \boldsymbol{y}_j \lambda_j$　　(1.104)

$\lambda \geqq \boldsymbol{0}, \quad \boldsymbol{s}^- \geqq \boldsymbol{0}, \quad \boldsymbol{s}^+ \geqq \boldsymbol{0}.$　　(1.105)

(d)　数値例

表 1.5 のデータについて，Super-SBM-I-C$_o$ を解いた結果が表 1.10 である．

表 1.10

DMU	Score	Rank
A	0.59375	8
B	0.70455	6
C	0.8375	4
D	1.24074	2
E	0.24062	11
F	0.4881	9
G	0.72917	5
H	1	3
I	0.19792	12
J	0.38333	10
K	0.59659	7
L	1.94444	1

SBM-I-C$_o$ で効率的であった DMU は D, H, L であった．D と L は 1 以上の超効率となっているが，H は 1 のままである．その理由は H の入出力値が (D+L)/2 であり，H を除く制約領域に含まれているからである．

1. 13. 2……望ましくない出力(undesirable output)

生産には，望ましい産物(goods)のみならず，望ましくない産物(undesirable output = bads)が伴う場合がある．近年，環境問題が重要な社会的関心事となってきた．この問題を SBM の枠内で論じたモデルを紹介する．

n 個の DMU があり，それぞれ3つの要素からなるとする．入力は $x \in R^m$，望ましい産出は $y^g \in R^{s_1}$，望ましくない産出は $y^b \in R^{s_2}$ とする．次の3つの行列を定義する．

$$X = [x_1, \cdots, x_n] \in R^{m \times n},$$
$$Y^g = [y_1^g, \cdots, y_n^g] \in R^{s_1 \times n}, \qquad Y^b = [y_1^b, \cdots, y_n^b] \in R^{s_2 \times n}$$

要素はすべて正であると仮定する．

生産可能集合は次のように定義される．

$$P = \{(x, y^g, y^b) \mid x \geq X\lambda, \ y^g \leq Y^g\lambda, \ y^b \geq Y^b\lambda, \ \lambda \geq 0\} \qquad (1.106)$$

この生産可能集合の下で DMU (x_o, y_o) の効率は次のように計測される．

〈SBM-Undesirable$_o$〉 目的関数
$$\rho^* = \min \frac{1 - \frac{1}{m} \sum_{i=1}^{m} \frac{s_i^-}{x_{io}}}{1 + \frac{1}{s_1 + s_2} \left(\sum_{r=1}^{s_1} \frac{s_r^g}{y_{ro}^g} + \sum_{r=1}^{s_2} \frac{s_r^b}{y_{ro}^b} \right)}$$
$$(1.107)$$

制約式
$$x_o = X\lambda + s^- \qquad (1.108)$$
$$y_o^g = Y^g\lambda - s^g \qquad (1.109)$$
$$y_o^b = Y^b\lambda + s^b \qquad (1.110)$$
$$s^- \geq 0, \ s^g \geq 0, \ s^b \geq 0, \ \lambda \geq 0. \qquad (1.111)$$

ここに s^-, s^b は入力の過剰と bads の過剰を示し，s^g は goods の不足分を示す．効率的フロンティアへの projection は次のようになる．

$$x_o^* = x_o - s^{-*}, \qquad y^{g*} = y^g + s^{g*}, \qquad y^{b*} = y^b - s^{b*}. \qquad (1.112)$$

このモデルの詳細については文献[13]を，さらなる展開については文献[16]を参照されたい．

1. 14 ◆ ネットワーク・ダイナミック DEA

この節では，多層構造のモデル展開を取上げる．

1. 14. 1……ネットワーク DEA

　ここまで紹介してきたモデルでは，DMU に投入物を入力し，産出物を出力するという構造を前提としてきた．この場合，図 1.8 に示すように，その内部構造は不明であり，まさにブラックボックスモデルとなっている．しかし，実社会における企業や団体の組織構造においては，図 1.8(b)のように，組織の内部に複数の部門が存在し，それぞれ異なる投入物を用いて，異なる産出物を生み出していることが想定される．さらに，部門間での内部取引（中間投入財）も存在しているかもしれない．

　図 1.8 において，仮に入力 1 と出力 1 は部門 1 に関係するものであり，入力 2, 3 と出力 2, 3 についても，それぞれ部門 2, 3 に紐付くとしよう．このような明確な部門ごとの入出力の関係があるにも関わらず，それを無視してブラックボックスとして DEA を計算すると，実は効率値が過剰評価される可能性がある．すでに述べたように，DEA では，少ない入力で大きな出力を得る DMU が効率的とされ，さらに，その DMU にとって都合の良い要素に大きなウェイトが与えられる．例えば，他者との相対比較で入力 1 が小さく，出力 3 が大きかった場合，それらに大きなウェイトが与えられ，入力 1 と出力 3 の関係性に大きく依存した効率値が計算され得る．しかし，内部構造に目を向ければ，本来両者は互いに関係のない要素である．このようにブラックボックスモデルでは，実態を反映していないバイアスのかかった効率値が算出されてしまう可能性が否めない．

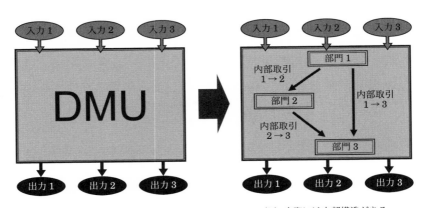

（a）内部構造は不明　　　　　　　　　（b）実際には内部構造がある

図 1.8　ブラックボックスモデル

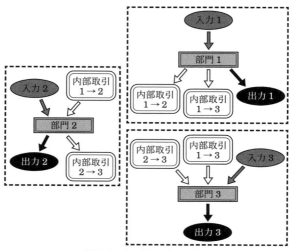

図 1.9　セパレートモデル

　それでは，図 1.8 のように 1 つの DMU と扱うのではなく，各部門をそれぞれ独立の DMU として扱い，部門ごとに他の DMU と相対比較を行って効率値を計算する方法も考えられる（図 1.9）．こうすれば，入力と出力の不一致といった問題は生じない．しかし，図 1.8(b) で示したような部門間の中間投入財の内部取引は，正確に表現しきれない．DEA の考え方に基づくと，内部取引 1→2 は，部門 1 の出力であり，部門 1 にとっては大きい方が好ましいが，同時に部門 2 にとっての入力であり，部門 2 にとっては小さい方が好ましい．このような関係性のある変数を別々に計算してしまうと，両部門をつなぐリンクは切られてしまい，内部取引 1→2 の最適量は不明になってしまう．

　そこで，部門ごとの入力と出力の関係性を維持しつつ，内部取引のリンクを生かすモデルとして，ネットワーク DEA（次ページ図 1.10）が提案された[文献6]．部門ごとの個別最適化ではなく，全部門を考慮しつつ全体最適を企図するモデルである[2]．この場合，DMU 全体の総合効率値とともに，全体を最適化し得る部門別効率値も得られる．

　DMU_j の部門 k から h への内部取引（リンク）l を $z_{j(k,h)l}$ とすると，ネットワ

2　一方，まず部門 1 について計算し，その出力の最適値を部門 2 に入力する，といった多段階で計算するネットワー DEA モデルも提案されている．

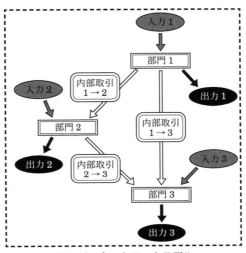

図 1.10　ネットワークモデル

ーク DEA は，各部門に関する通常の入力と出力だけのモデルに，下記の制約式を加えたものとなる．

$$\sum_{j=1}^{n} z_{j(k,h)l} \lambda_j^k = \sum_{j=1}^{n} z_{j(k,h)l} \lambda_j^h \qquad (l = 1, \cdots, p_{(k,h)}, \ \forall (k,h)) \qquad (1.113)$$

ここで，λ_j^k は部門 k のフロンティアを構成するための変数であり，部門 k の入力と出力に関わる制約式には，この λ_j^k が用いられる．λ_j^h も，部門 h について同様である．さらに具体的な数式は，文献[14][18][3] を参照されたい．

1. 14. 2……ダイナミック DEA モデル

　分析対象となる DMU は，多くの場合，1 時点でその活動を終えることはなく，複数時点にまたがって活動を続けている．このような複数時点に渡る活動の効率値を計測する場合，単期ごとにそれぞれ効率値を計測する方法が考えられる．しかし，投入要素によっては，1 期ですべて消費されるわけではないものもある．設備投資などはその良い例である．また，企業の内部留保や負債なども，前期から次期へ繰り越される要素である．このような期をまたぐ要素を

3　[18]の Chapter 7 では，多いほど好ましい as output link や，少ないほど好ましい as input link，特に制約のない free link など，多様な内部取引形態の取り扱いについても述べている．

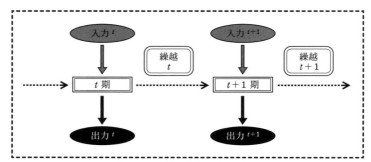

図1.11 ダイナミックモデル

考慮し，複数期全体での最適化を企図したモデルがダイナミック DEA モデルである（図 1.11）．複数期間の総合効率値とともに，期別の効率値が求められる．ネットワーク DEA モデルの時系列版と考えられる．

　DMU$_j$ の t 期から $t+1$ 期への繰越（キャリーオーバー）c を ω_{jc}^t とすると，ダイナミック DEA は，通常の入力と出力だけのモデルに，下記の制約式を加えたものとなる．

$$\sum_{j=1}^{n} \omega_{jc}^t \lambda_j^t = \sum_{j=1}^{n} \omega_{jc}^t \lambda_j^{t+1} \qquad (c=1,\cdots,q,\ \ t=1,\cdots,T-1) \qquad (1.114)$$

ここで，λ_j^t は t 期のフロンティアを構成するための変数であり，t 期の入力と出力に関わる制約式も，この λ_j^t が用いられる．λ_j^{t+1} も，$t+1$ 期について同様である．また，必要に応じて初期値 ω_{jc}^0 の設定を置く．さらに具体的な数式は，文献 [15] [18][4] を参照されたい．

1. 14. 3……ネットワーク・ダイナミック DEA モデル

　DMU の内部構造と内部取引を考慮しつつ，さらに複数期間の繰越まで加味して全体最適を企図したモデルが，ネットワーク・ダイナミック DEA モデルである（次ページ図 1.12）．

　通常の入力と出力だけのモデルに，ネットワーク DEA とダイナミック DEA の制約式をそれぞれ加えることで，総合効率値に加えて，部門別効率値，

4　[15]および[18]の Chapter 8 では，多いほど好ましい good carry-over や，少ないほど好ましい bad carry-over，特に制約のない free carry-over など，さまざまな繰越変数の取り扱いについても述べている．

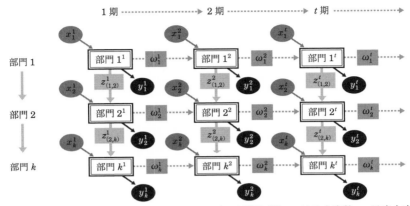

図1.12 ネットワーク・ダイナミック DEA モデルの構造（注：x は入力変数，y は出力変数，z は部門間の内部取引，w は次期繰越，上付き文字は期間，下付き文字は部門をそれぞれ表す．）

期別効率値がそれぞれ求められる．さらに具体的な数式は，文献[17][18]を参照されたい．なお，文献[18]などのように，ダイナミック・ネットワーク DEA（DNDEA）モデルと呼称される場合もある．

1.15 ◆ マルムキスト指標

この節では，DMU の活動が複数期間にわたる場合に，効率値を計測する際の注意点と，その応用指標について述べる．

1.15.1……マルムキスト指標と DEA

DEA を用いた先行研究で，特に複数期間にわたる時系列分析を行っている場合，マルムキスト指標（Malmquist Productivity Index）を用いるケースが多くみられる．同指標は，異なる 2 時点間における生産性の変化を示す指標[5]であり，一般に式(1.93)のように表される[6]．

5　文献[8]により提唱された概念を，文献[2]が生産性指標に発展させた．さらに，文献[7]が同指標に非効率の概念を組み込み，式(1.94)のような分解式を導き出している．

6　一般に，マルムキスト指標は距離関数（distance function）に基づいて定義されているが，距離関数は DEA の効率性指標の逆数となる．ここでは混乱を避けるため，便宜上，距離関数の逆数 δ を用い，効率性指標と整合的な表記としている．

$$\mu^{r,s} = \sqrt{\frac{\delta^r(x^r, y^r)}{\delta^r(x^s, y^s)} \cdot \frac{\delta^s(x^r, y^r)}{\delta^s(x^s, y^s)}} \tag{1.115}$$

ここで，(x^r, y^r) と (x^s, y^s) は，r 期と s 期のそれぞれの投入量と産出量のセットであり，$\delta^r(x^r, y^r)$ は，r 期のフロンティアからの乖離を評価した (x^r, y^r) の効率値である．一方，$\delta^s(x^r, y^r)$ は，s 期のフロンティアを基準にして (x^r, y^r) を評価した効率値となる．$\delta^s(x^s, y^s), \delta^r(x^s, y^s)$ も同様に定義される．つまり，マルムキスト指標 $\mu^{r,s}$ は，ある DMU による r 期と s 期の 2 時点の活動について，r 期のフロンティアを基準に乖離率を計算しその比率をとったもの $\left(\dfrac{\delta^r(x^r, y^r)}{\delta^r(x^s, y^s)}\right)$ と，s 期のフロンティアを基準に乖離率を計算しその比率をとったもの $\left(\dfrac{\delta^s(x^r, y^r)}{\delta^s(x^s, y^s)}\right)$ の幾何平均ということになる[7]．

さらに，文献 [7] は，この式を次のように整理し直した．

$$\mu^{r,s} = \sqrt{\frac{\delta^s(x^s, y^s)}{\delta^r(x^s, y^s)} \cdot \frac{\delta^s(x^r, y^r)}{\delta^r(x^r, y^r)} \cdot \frac{\delta^r(x^r, y^r)}{\delta^s(x^s, y^s)}}$$

$$= \sqrt{\phi_s^{r,s} \cdot \phi_r^{r,s} \cdot \frac{\theta^r}{\theta^s}}$$

$$= \phi^{r,s} \cdot \gamma^{r,s} \tag{1.116}$$

$\phi^{r,s}$ は r 期と s 期の間のフロンティア自体の変化を示すフロンティアシフト指標である．一方，$\gamma^{r,s}$ は 2 期間の効率性指標の比率であり，キャッチアップ指標と呼ばれる．

構成要素のうち，$\delta^r(x^r, y^r)$ と $\delta^s(x^s, y^s)$ は，通常の DEA モデルの効率値と同じものである（θ^r, θ^s）．一方，主にフロンティアの計測に用いられる $\delta^s(x^r, y^r)$ と $\delta^r(x^s, y^s)$ については，下記のモデルで求められる．

目的関数　$\delta^p(x_o^q, y_o^q) = \min \theta,$ （1.117）

制約式　$\theta x_o^q \geqq X^p \lambda,$ （1.118）

$y_o^q \leqq Y^p \lambda,$ （1.119）

$\lambda \geqq 0.$ （1.120）

ここで，$(p, q) = (r, s)$ もしくは (s, r) である．式 (1.117)〜(1.120) は入力指向モデルであるが，出力指向モデルでも同様に，DMU${}_o$ の活動 (x_o, y_o) と，全

7　文献 [2] では，$\dfrac{\delta^r(x^r, y^r)}{\delta^r(x^s, y^s)}$ と $\dfrac{\delta^s(x^r, y^r)}{\delta^s(x^s, y^s)}$（の逆数）を，それぞれマルムキスト指標として扱っているが，文献 [7] は，これを幾何平均したものをマルムキスト指標と定義している．式 (1.94) の展開に繋げられるメリットからか，先行研究では幾何平均をとった指標の方がよく使われている．本稿でも，[7] の定義にならっている．

DMU のデータ (X, Y) の期をずらすことで，$\delta^s(x^r, y^r)$ と $\delta^r(x^s, y^s)$ を求められる．このように，マルムキスト指標は，DEA の効率値とその応用指標を用いて計算することができるため，DEA 手法と相性がよく，効率性の時系列分析に頻繁に利用されているのである．

　以降，本節では，DEA の基本型である radial モデル(CCR-I)をベースに，マルムキスト指標やその構成指標について図を用いて概説するとともに，時系列分析における通常の DEA の効率値の限界点や，解釈に当たっての注意点等を述べていく．また，累積指標など，マルムキスト指標の応用指標についても紹介する．

1. 15. 2……マルムキスト指標とその構成指標

　ここでは，基本型である 2 期間のマルムキスト指標と，その構成指標であるフロンティア指標，キャッチアップ指標について述べる．

1. 15. 2. 1　効率値の時系列変化

　図 1.13 は，産出物 y を 1 単位産出するために 2 種類の投入物 (x_1, x_2) を使う DMU_z の生産活動 Z_{t-1}, Z_t について，$t-1$ 期と t 期の効率値 θ^{t-1}, θ^t を図解したものである．それぞれの期のフロンティア (f^{t-1}, f^t) からの乖離を基に，効率値が計算されている．

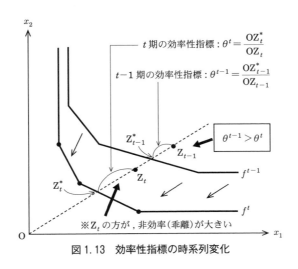

図 1.13　効率性指標の時系列変化

　なお，ここでは，$t-1$期とt期でx_1とx_2の資源配分（x_2/x_1）が同じことを仮定している．つまり，同じ原点からの放射線上に，Z_{t-1}もZ_tも乗っていることを意味する．後に，資源配分が2期間で異なる一般化したケースについても説明するが，まずは，簡便化のためにこのような仮定をおいて説明する．

　この図では，t期の方が$t-1$期よりもフロンティアからの乖離が大きいので効率値が低く（$\theta^{t-1} > \theta^t$），この1期間で効率値が落ちていることが示されている．しかし，ここで注意したいのは，θ^{t-1}とθ^tは，異なるフロンティアからの乖離率を計測しているという点である．つまり，互いに計測基準が異なる指標なのである．両者を比較するには，基準が異なることを踏まえた上で解釈する必要がある．

1. 15. 2. 2　フロンティアシフト指標

　フロンティアシフト指標$\phi^{t-1,t}$は，$t-1$期からt期へのフロンティアの変化を，原点からの放射線上で評価する（図1.14）．技術進歩指標とも呼ばれる．$\phi^{t-1,t} = 1$の場合は，フロンティアは動いていないことを示し，$\phi^{t-1,t} > 1$の場合は，技術進歩等の結果，フロンティアが原点側に前進していることになる．逆に$\phi^{t-1,t} < 1$の場合は，フロンティアは原点から離れる方向に後退している．図では，$t-1$期からt期にかけて，フロンティアは原点側に動いているので，フロンティアは前進しており，$\phi^{t-1,t} > 1$となる．

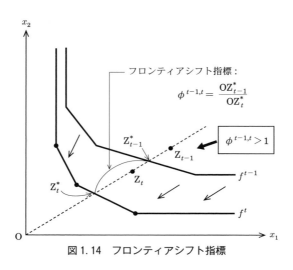

図1.14　フロンティアシフト指標

　ここで注意したいのは，フロンティアシフト指標は，DMU_z が採用している資源配分において，最も効率的な DMU（もしくはその線形結合）の技術が進歩していることを意味している点である．あくまで，DMU_z 自身の技術が進歩しているわけではないので，解釈の際には注意が必要である．

1.15.2.3　キャッチアップ指標

　$t-1$ 期から t 期への効率値の変化率を，キャッチアップ指標（$\gamma^{t-1,t}$）と呼ぶ．その名の通り，フロンティアが変化していくのに対して，計測対象の DMU_z が追随できているかどうかを示す指標である．$\gamma^{t-1,t}=1$ の場合は，フロンティアのシフトと同程度に DMU_z も進歩（追随）していることを意味する．$\gamma^{t-1,t}>1$ であればフロンティア以上の進歩，$\gamma^{t-1,t}<1$ であればフロンティアから引き離されていることを意味する．図 1.15 の場合，$\theta^{t-1}>\theta^t$ であるので，$\gamma^{t-1,t}<1$ であり，フロンティアから引き離されている（＝効率値が落ちている）ことになる．

　なお，変化率指標なので，DMU_z の効率値自体の水準は評価対象とはなっていない．例えば，$\theta^{t-1}=0.2$，$\theta^t=0.3$ であれば，効率値は低くてもキャッチアップ指標は 1 以上（$\gamma^{t-1,t}=1.5$）であるが，$\theta^{t-1}=1$，$\theta^t=0.9$ の場合，効率値が高くても同指標は 1 以下（$\gamma^{t-1,t}=0.9$）となる．特に，2 期間とも効率値が 1 で，フロンティア上に乗っている場合は，まさにフロンティアに追随（牽引）してい

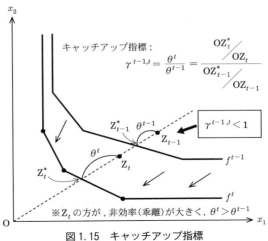

図 1.15　キャッチアップ指標

る状況なので，$\gamma^{t-1,t}=1$ となる．

　また，フロンティアが後退している場合は，キャッチアップ指標の解釈が難しくなるので注意が必要だ．仮に，2期間でまったく投入量も産出量も変化がない場合，DMU$_z$ 自身の位置はまったく変わらない（$Z_{t-1}=Z_t$）が，フロンティアが後退していると，結果的にキャッチアップ指標は1以上となる．つまり，自らの努力によるキャッチアップではなく，フロンティアの方から近づいてきたことによって，1以上と計上されているのである．もちろん，事業環境が悪化し，フロンティアが後退する中で，その場で耐え忍んでいる，という評価もできる．しかし，これもフロンティアが後退した理由などと兼ね合わせて，慎重に評価する必要がある．キャッチアップ指標は，基本的に単独で評価するものではなく，フロンティアシフトとセットで評価すべき指標なのである．

1.15.2.4　マルムキスト指標

　マルムキスト指標 $\mu^{t-1,t}$ は，前述のフロンティアシフト指標 $\phi^{t-1,t}$ とキャッチアップ指標 $\gamma^{t-1,t}$ の積で表されるが，図1.16のように，結局は Z_{t-1} から Z_t の，DMU$_z$ 自身の生産性の変化を示している指標であることがわかる．$t-1$ 期から t 期にかけて，効率値は減少していたが，DMU$_z$ 自身は，着実に原点に向かって移動しており，生産性は上昇している．マルムキスト指標は，効率値のように他社との相対指標ではなく，自身の1期前との相対指標なのである．

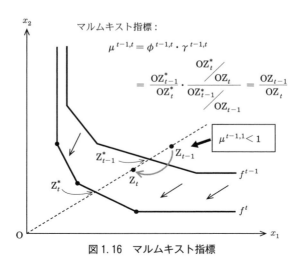

図1.16　マルムキスト指標

　ただし，DMU_z は自らの生産性は向上していたとしても，他と比較すると，同じ資源配分上の技術はより大きく進歩しており（フロンティアシフト指標が1以上），その動きには追随できていない（キャッチアップ指標が1以下），という状況が効率値の低下として表現されているのである．

　なお，フロンティアシフトを考慮せずに，各期のフロンティアを基準にそれぞれ計算した効率値 θ^t を，時系列で並べて評価している先行研究もある．この場合，フロンティアが大きく変化していなければ特に問題とはならないが，技術進歩が大きく見られるような業界の場合は，フロンティアの変化についても考慮する必要があるだろう．効率値の変化が，自身の努力の結果なのか，フロンティアシフトの影響なのか，場合によっては計測結果の解釈に影響する場合もある．一連の図の DMU_z のように，効率値だけで判断してしまうと，単に努力を怠っていると評価してしまいかねないが，マルムキスト指標を通してその活動を見ることで，生産性の向上は計れているものの，ほかには追随できていない，という状況まで読み解くことができるのである．

1.15.2.5　一般化

　ここで，1.15.2.1 節で設けた $t-1$ 期と t 期の間で x_1 と x_2 の資源配分 (x_2/x_1) が変化しない，という仮定を取り払おう．このことで影響を受けるのは，フロンティアシフト指標である．図1.17 は，両期で DMU_z の資源配分が

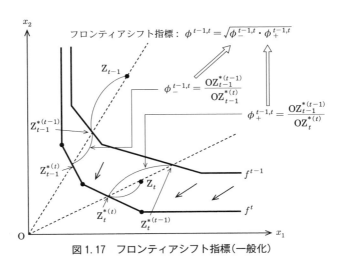

図1.17　フロンティアシフト指標（一般化）

56

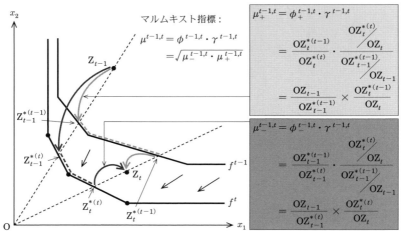

図 1.18 マルムキスト指標（一般化）

異なる状況を示している．フロンティアの変化を計る場合，Z_{t-1} の資源配分を基準とした $\phi_-^{t-1,t}$ でも，Z_t の資源配分を基準とした $\phi_+^{t-1,t}$ でも，どちらでも計ることができる．文献[7]の定義（式(1.94)）に従うと，この両者の幾何平均がフロンティアシフト指標 $\phi^{t-1,t}$ となる．この場合，マルムキスト指標はどのように理解すれば良いのか．

基本は，資源配分を変化させなかったケース（図 1.16）と同じである．ポイントは，フロンティア上の点は，すべて効率的であることから等価と考えるということである．すると，図 1.18 に点線で示したようにフロンティア上をたどることで，異なる資源配分であったとしても，マルムキスト指標は Z_{t-1} から Z_t への変化を示していることがわかる．$t-1$ 期のフロンティアをたどる経路の指標 $(\mu_+^{t-1,t})$ と，t 期のフロンティアをたどる経路の指標 $(\mu_-^{t-1,t})$ の2つが計算でき，それらの幾何平均がマルムキスト指標 $\mu^{t-1,t}$ となる．

つまり，資源配分の違いによらず，マルムキスト指標は，Z_{t-1} から Z_t の DMU$_z$ 自身の生産性の変化を示している指標なのである．

1.15.3……マルムキスト指標の応用

ここまでは，2期間のマルムキスト指標について述べてきたが，実社会のデータを用いて分析する場合は，3期以上のデータで時系列分析することは少なくないだろう．ここからは，さらに3期以上のケースに焦点を当てる．

表 1.11　数値例

DMU	Period 1			Period 2			Period 3			Period 4		
	x_1	x_2	y	x_1	x_2	y	x_1	x_2	y	x_1	x_2	y
A	4	5	1	3.4	6	1	2.8	5.7	1	2.2	6	1
B	3	12	1	2	10	1	1.8	8.8	1	1.5	8	1
C	9	3	1	10	3.5	1	8	2.8	1	8	2.3	1
D	10	8	1	8	7	1	7	5	1	5	3.5	1
P	7	1	1	10	2	1	10	2	1	8	2	1
Q	4	4	1	4	4	1	3	5	1	3	5	1
R	3	14	1	1	12	1	1	9	1	1	7	1
S	5	3	1	5	3	1	5	3	1	5	3	1

その際，数値例に基づく計算結果も示し，各指標の動きを見ていきたい．表1.11 は，入力項目(x)が 2 つ，出力項目(y)が 1 つのケースで，4 期間にわたるデータを設定してあり，産出量は 8 つの DMU すべて一定としている．P, Q, R, S はフロンティアを構成する DMU であり，常に効率値は 1 となる．ここでは，非効率な A, B, C, D のみに着目して，各指標の動きを見ることとする．

① 3 期間以上に渡るマルムキスト指標

式(1.94)に従ってマルムキスト指標 $\mu^{t-1,t}$ を計算するなら，例えば $t = 2, 3, 4$ だった場合，1 期から 2 期の変化($\mu^{1,2}$)，2 期から 3 期の変化($\mu^{2,3}$)をそれぞれ計算することになる．ただし，これも変化率指標であるため，複数期間の比較においては解釈に気をつける必要がある．前期からの伸び率がたとえ相対的に小さくても，1 以上であれば生産性は向上していることになる．また，前期からの変化率の基準はあくまで前期であり，この計算方法だと毎期毎期，基準(分母)が変わっていくことになる．そのため，複数期間を通じてどれだけ変化したかについては，この指標だけでは捉えにくい．この点については，数値例を見るとより理解しやすい．

　図 1.19（次ページ）は，フロンティア指標 $\phi^{t-1,t}$，キャッチアップ指標 $\gamma^{t-1,t}$，マルムキスト指標 $\mu^{t-1,t}$ の計算結果を示している．例えば，DMU_B に注目する．まずは直感的にグラフを見ると，フロンティアシフト指標は $t_2 \to t_3$ の低下が大きく，その後は 1.2 程度でほぼ横ばいである．一方，同 DMU のキャッチアップ指標は 1 以下で期間中ほぼ横ばいであり，その結果，マルムキスト指標は，

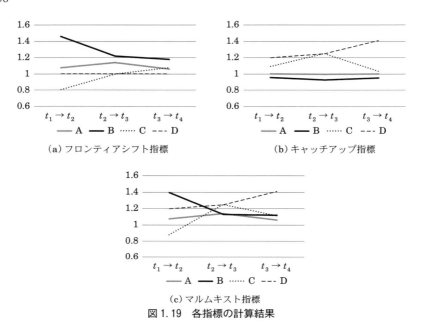

(a) フロンティアシフト指標　　　　　　　(b) キャッチアップ指標

(c) マルムキスト指標

図 1.19　各指標の計算結果

$t_2 \to t_3$ で大きく下がり，その後はほぼ横ばい，という結果となっている．

　このような傾向までは容易に把握できるのであるが，実は，期間を通じてどの程度成長したのかは，この図からは読み取りづらい．$\mathrm{DMU_B}$ のフロンティアシフトがいい例であるが，フロンティアの進歩度合いは低下していても，1 以上なので，少なくとも後退はしていないことはわかる．しかし，t_4 の時点で，どの程度までフロンティアが成長したかまでは，直感的にはわからない（掛け算すればわかる）．

② 累積マルムキスト指標

　変化率指標について，時系列でその変化をより直感的に理解するためには，各期の基準を合わせるという方法が考えられる．つまり，変化率の分母をすべての期について同じにすればよい．ここで，1 期を基準として，1 期からの伸び率を計算した指標を累積指標と呼ぶことにする．

　累積フロンティアシフト指標は，複数期間の指標を累積した形になる．

$$\tilde{\phi}^t = \prod_{\tau=2}^{t} \phi^{\tau-1,\tau} \tag{1.121}$$

さらに，1.15.2.5 節で述べたように，$t-1$ 期と t 期の資源配分を基準とした
フロンティアシフトが計測可能であり（$\phi_-^{t-1,t}, \phi_+^{t-1,t}$），それぞれに累積指標を計
算することができる．

$$
\begin{aligned}
\tilde{\phi}^t &= \sqrt{\tilde{\phi}_-^t \cdot \tilde{\phi}_+^t} \\
&= \sqrt{\prod_{\tau=2}^t \phi_-^{\tau-1,\tau} \cdot \prod_{\tau=2}^t \phi_+^{\tau-1,\tau}}
\end{aligned}
\tag{1.122}
$$

累積キャッチアップ指標も，複数期間の指標を累積するが，結果的に打ち消
しあって，シンプルな形に整理される．

$$
\begin{aligned}
\tilde{\gamma}^t &= \prod_{\tau=2}^t \gamma^{\tau-1,\tau} \\
&= \frac{\theta^2}{\theta^1} \times \frac{\theta^3}{\theta^2} \times \cdots \times \frac{\theta^{t-1}}{\theta^{t-2}} \times \frac{\theta^t}{\theta^{t-1}} \\
&= \frac{\theta^t}{\theta^1}
\end{aligned}
\tag{1.123}
$$

両指標の積である累積マルムキスト指標は，2 つの経路をたどる累積フロン
ティアシフトを基に計算される $\tilde{\mu}_-^t$ と $\tilde{\mu}_+^t$ の幾何平均で表すことができる．同
時に，各期のマルムキスト指標 $\mu^{t-1,t}$ を累積したものとも同値となる．

$$
\begin{aligned}
\tilde{\mu}^t &= \tilde{\phi}^t \times \tilde{\gamma}^t \\
&= \sqrt{\tilde{\phi}_-^t \cdot \tilde{\phi}_+^t} \cdot \frac{\theta^t}{\theta^1} \\
&= \sqrt{\tilde{\mu}_-^t \cdot \tilde{\mu}_+^t},
\end{aligned}
\tag{1.124}
$$

$$
\begin{aligned}
\tilde{\mu}^t &= \prod_{\tau=2}^t \mu^{\tau-1,\tau} \\
&= \sqrt{\prod_{\tau=2}^t \mu_-^{\tau-1,\tau} \cdot \prod_{\tau=2}^t \mu_+^{\tau-1,\tau}} \\
&= \sqrt{\tilde{\mu}_-^t \cdot \tilde{\mu}_+^t}
\end{aligned}
\tag{1.125}
$$

図 1.20（次ページ）は，1 期から 3 期までのフロンティアと，DMU_z の投入量
（$Z_1 \sim Z_3$）を図示したものである．累積マルムキスト指標も，複雑な構造にはな
っているが，3 時点の Z の資源配分（原点からの放射線）上のフロンティアシフ
トを累積的に計上しながら，結果的には Z_1 から Z_3 までの変化を示している指
標であることがわかる．

なお，1.5.2 節で示した 2 期間のマルムキスト指標（$\mu^{t-1,t}$）は，$t=2$ 以降でな
ければ計算できない．これは，伸び率指標であるため，1 期目の数値が求めら
れないためである．これを受け，式（1.121）～（1.125）でも，$t=2$ 以降の指標し

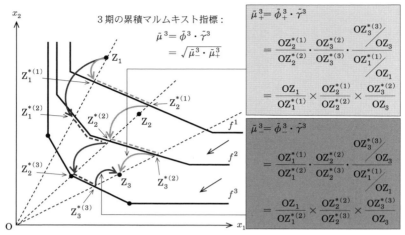

図 1.20 累積マルムキスト指標

か計算できない．しかし，累積指標の場合は，基準期を 1 期と定義して計算している ため，1 期の値は 1 となる[8]．図 1.21（次ページ）は，数値例から計算した各累積指標の結果である．どれも 1 期目の値が 1 となっていることが確認できる．

　例えば，図 1.19(a) において示された $\mathrm{DMU_B}$ の 2～3 期のフロンティアシフトの伸び率の低下は，図 1.21(a) で見ると，傾きがやや小さくなっただけであり，期間全体で見れば大きく伸びていることがわかる．図 1.19(a) においても伸び率が 1 以上であることはわかるため，低下傾向とはいっても進歩が続いていることは把握できたが，4 期目には 1 期目の 2 倍以上まで至っていることは，図 1.19 からは直感的に読み取れない．むしろ，伸び率指標の解読に慣れていない者にとっては，低下傾向の方が強く印象づけられてしまう可能性は否めない．

　それ以外の DMU についても，図 1.21 で示す各指標について，図 1.19 で受けた印象とは異なるものがいくつもある．両者の結果自体には違いはなく，あくまで結果の表現方法の違いである．一般に，経済成長など，前期からの伸び

8　累積キャッチアップ指標については，$\tilde{\gamma}^1 = \dfrac{\theta^1}{\theta^1} = 1$ で容易に説明できる．また，累積フロンティア指標については，1 期目からのフロンティアの進歩を評価する指標であるため，1 期目は，基準時点からまったく動いていないということで，変化率は 1 となると理解できる．両者の積である累積マルムキスト指標も，1 期目は 1 となる．

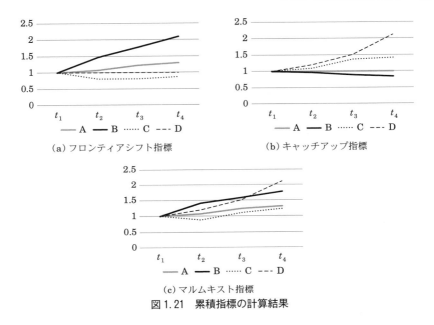

（a）フロンティアシフト指標 （b）キャッチアップ指標

（c）マルムキスト指標

図 1.21　累積指標の計算結果

率を重視するような場合は，図 1.19 で示したような伸び率指標をそのまま使えばよいが，複数期でどの程度変化したかを読み取るためには，図 1.21 で示した累積指標の方がわかりやすい．それぞれについて，慎重な解釈が必要であると同時に，論文等で計測結果が世に出て行く際，読者に誤解を与えないようにするためにも，目的に応じた指標の選択が重要であろう．

③ 相対化累積マルムキスト指標

累積指標は，基準期を 1 とした伸び率指標である．つまり，どの DMU も初期の値は 1 となる．単純に，生産性がどの程度成長したかを把握するためであればそれで十分であるが，他の DMU と相対比較する場合には問題が生じる．

例えば，初期の段階で効率値が低かった DMU_E があったとしよう．効率値は $\theta_E^1 = 0.3$ だったとする．しかし，4 期間で効率化を図り，4 期目には $\theta_E^4 = 0.6$ になったとしよう．この間，フロンティアに変化がなかった（$\tilde{\phi}^4 = 1$）と仮定すると，この DMU の累積マルムキスト指標は $\tilde{\mu}_E^4 = 2$ となる．一方で DMU_F は，4 期間を通じて効率的であり，常にフロンティア上にあったとすると，$\theta_F^1 = \theta_F^4 = 1$ であり，その結果，$\tilde{\mu}_F^4 = 1$ となる．伸び率だけで評価したら，たし

かに DMU_E の方が優れている（$\bar{\mu}_E^4 > \bar{\mu}_F^4$）と言えるが，それでも 4 期目に至っても DMU_F の効率値には及ばない（$\theta_E^4 > \theta_F^4$）．DEA を用いて DMU を相対比較し，効率値を計算しようと思っている者であれば，伸び率のみならず，各 DMU の効率値の相対レベルが反映される指標の必要性を感じるだろう．

相対化累積マルムキスト指標 $\bar{\mu}^t$ は，この問題に対応する指標であり，累積マルムキスト指標に，1 期目の効率値を乗じたものである．

$$\bar{\mu}^t = \tilde{\mu}^t \times \theta^1$$
$$= \tilde{\phi}^t \times \tilde{\gamma}^t \times \theta^1$$
$$= \tilde{\phi}^t \times \theta^t \qquad (1.126)$$

概念としては，t 期の累積マルムキスト指標に 1 期目の効率値を加味することで，1 期目のフロンティアを基準として各期の活動を評価していることになる．さらに，式(1.126)の展開からもわかるように，この指標は，t 期の累積フロンティア指標に t 期の効率性指標を乗じたものと一致する[9]．つまり，t 期までのフロンティアシフトを考慮した効率性指標なのである．

数値例を見てみよう．図 1.22, 1.23（次ページ）は，相対化累積マルムキスト指標の結果と，参考として DEA の効率値（CCR）の結果を示している．両方の図で，t_1 の結果は同じであるが，その後，フロンティアシフトの影響を考慮するか否かで，結果が変わっている．一瞥するだけでも，両者にかなりの違いがあることがわかる．

特に，DMU_B の評価はまったく違う．図 1.21 の結果とともに評価すると，DMU_B の資源配分近辺では，大きなフロンティアシフトが生じており（図 1.21 (a)），それは他の資源配分の DMU の伸び率を大きくしのぐ．DMU_B は，それにキャッチアップしきれてはいないため（図 1.21(b)），効率値自体は低下している（図 1.23）ものの，図 1.22 のように生産性は大幅に改善しているのである[10]．

DMU_A は，効率値だけで評価すると（図 1.23），全期間にわたって評価が高い．この間，フロンティアはわずかに上昇しており，DMU_A はそれにキャッチアップしている．その結果，相対化累積マルムキスト指標で評価すると，わずかで

9　文献[10]でも Actual Performance として，この指標を計算している．
10　ここでは，非効率な DMU である A, B, C, D のみに着目しているが，実際にはフロンティアを構成する DMU である P, Q, R, S が存在している．これらと比較すれば，DMU_B も劣後する．

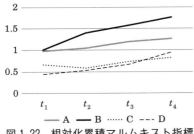

図 1.22　相対化累積マルムキスト指標の計測結果

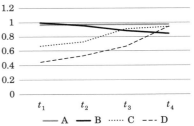

図 1.23　効率性指標(CCR)の計測結果

はあるが上昇傾向にあることがわかる(図 1.22).

　DMU_C は，効率値が上昇しているが，フロンティアが後退した影響も含まれている．実際の生産性の上昇は，図 1.21(c)で見るようにわずかであり，4 つの DMU の中では最も小さい．図 1.23 の効率値では期間を通じて DMU_D を上回っていたが，図 1.22 の相対化累積マルムキスト指標では両者はおよそ同程度で推移しており，4 期目に至っては DMU_D に抜かれている．

　DMU_D は，この 4 つの DMU の中で 4 期間の生産性の上昇率はトップである(図 1.21(c))．効率値だけの評価では，4 期目には B や C と同じ水準に至っているように見えるが(図 1.23)，しかし，相対化累積マルムキスト指標の結果を見ると，初期の効率値の低さが影響し，4 期目に至っても，A や B の 1 期目の効率値水準にも届いていないことがわかる(図 1.22).

　このように，フロンティアシフトを考慮せず，効率値を時系列に並べるだけでは，DMU の実態を正しく把握できないことも多い．図 1.22, 1.23 の結果の差は，その問題を如実に示していると言えよう．

④　その他の応用モデル

　式(1.94)に示したように，マルムキスト指標は，フロンティア指標とキャッチアップ指標から構成される．ここまでは，基本である CCR モデルをベースに紹介してきたが，この構造を利用することで，ほかの多くの DEA モデルにも応用が利く．

　SBM などの non-radial モデルへの展開も可能である．フロンティアシフトの計算に用いる $\delta^s(x^r, y^r)$ と $\delta^r(x^s, y^s)$ は，式(1.95)と同様に，DMU_o の活動 (x_o, y_o) と全 DMU のデータ (X, Y) の時期をずらすことで求められる．

〈SBM-I$_o$〉 目的関数 $\delta^p(x_o^q, y_o^q) = \min\limits_{\lambda, s^-} 1 - \dfrac{1}{m}\sum\limits_{i=1}^{m}\dfrac{s_i^-}{x_{io}^q}$ (1.127)

制約式 $x_o^q = X^p\lambda + s^-, \ (p, q) = (r, s) \text{ and } (s, r)$ (1.128)

$y_o^q \leqq Y^p\lambda,$ (1.129)

$\lambda \geqq 0, \ s_i^- \geqq 0.$ (1.130)

ただし，DMU$_o$ の活動 (x_o, y_o) が，フロンティアの外側にある場合は，超効率性モデルを用いて計算する必要がある．

〈super-SBM-I$_o$〉 目的関数 $\delta^p(x_o^q, y_o^q) = \min\limits_{\lambda, s^-} 1 + \dfrac{1}{m}\sum\limits_{i=1}^{m}\dfrac{s_i^-}{x_{io}^q}$ (1.131)

制約式 $x_o^q \geqq X^p\lambda - s^-, \ (p, q) = (r, s) \text{ and } (s, r)$ (1.132)

$y_o^q \leqq Y^p\lambda,$ (1.133)

$\lambda \geqq 0, \ s_i^- \geqq 0.$ (1.134)

出力指向モデルについても同様に，DMU$_o$ の活動 (x_o, y_o) と，全 DMU のデータ (X, Y) の期をずらすことで，$\delta^s(x^r, y^r)$ と $\delta^r(x^s, y^s)$ を求めることができる．

また，ダイナミック DEA やネットワーク・ダイナミック DEA も，時系列モデルの一種であるが，1.14 節で示した制約式だけでは，フロンティアシフトは考慮されていない．式 (1.116) にならえば，各期の効率値やフロンティアシフト指標をもとに，ダイナミック・マルムキスト指標が計算できる．なお，ネットワーク・ダイナミック DEA モデルについては，部門ごとのフロンティアについて，それぞれ部門別マルムキスト指標を計算することになる．さらに，各部門に加重を掛けて幾何平均を取ることで，全部門・全期間を網羅した総合効率値に対応する，総合マルムキスト指標や総合フロンティアシフト指標も計算はできるだろう．しかし，これはあくまで計算値であり，各部門の技術を統合したようなフロンティアを想定する指標ではないことに注意が必要である．

1.15.4……時系列分析の小括

DEA による効率性分析は，特に CCR などの基本モデルは使い勝手も良く，非常にシンプルである．しかし，シンプルな分だけ考慮しきれない要素も多くなる．その1つが，フロンティアシフトである．複数期間のデータを用いた場合，特に技術進歩の大きい分野のデータを扱う場合は，計算結果の取り扱いや

解釈に，十分気をつける必要があるだろう．

　マルムキスト指標は，フロンティアシフトを考慮するとともに，DEA とも相性が良いので，上記のような問題の対応策となり得る．しかし，マルムキスト指標自体は伸び率指標であるため，あくまで前年度を基準とした指標であることに気をつけて解釈する必要がある．同じ変化率でも，複数期間にわたる変化を評価するのであれば，累積指標への変換は，期間全体の変化状況の直感的な理解に資するだろう．さらに，ほかの DMU との効率値の相対比較も視野にいれるなら，相対化累積指標の採用も検討に値する．

　本節では，効率性指標，フロンティアシフト指標，キャッチアップ指標，マルムキスト指標，さらにはそれらの累積指標や相対化累積指標を紹介してきた．論文等を通じて計測結果を世に出すにあたっては，それぞれの指標の特徴を理解した上で，結果について誤解を与えないよう適切な指標を選びつつ，慎重な解釈を付け加える必要があるだろう．

参考文献

[1]　Banker, R.D., Charnes, A., and Cooper, W.W. (1984) "Some models for estimating technical and scale inefficiencies in data envelopment analysis" *Management Science*, 30 (9), 1078-1092.

[2]　Caves, D.W., Christensen, L.R., and Diewert, W.E. (1982) "The Economic Theory of Index Numbers and the Measurement of Input, Output and Productivity" *Econometrica*, 50, 1393-1414.

[3]　Charnes, A. and Cooper, W.W. (1962) "Programming with Linear Fractional Functionals" *Naval Research Logistics Quarterly*, 9(3/4), 181-186.

[4]　Charnes, A., Cooper, W.W., and Rhodes, E. (1978) "Measuring the Efficiency of Decision Making Units" *European Journal of Operations Research*, 2, 429-444.

[5]　Cooper, W.W., Seiford, L.M., and Tone, K. (2007) *Data Envelopment Analysis A Comprehensive Text with Models, Applications, References and DEA-Solver Software*, Second Edition, Springer.

[6]　Färe, R. and Grosskopf, S. (1996) *Intertemporal Production Frontiers: With Dynamic DEA*, Kluwer Academic Publishers.

[7]　Färe, R., Grosskopf, S., Lindgren, B., and Roos, P. (1989) "Productivity Developments in Swedish Hospitals: A Malmquist Output Index Approach". In *Data Envelopment Analysis: Theory, Methodology and Applications* (Edited by Charnes, A., Cooper, W.W., Lewin, A.Y., and Seiford, L.M. (1994)) Chap. 13, Kluwer Academic Publishers.

[8]   Malmquist, S. (1953) "Index Numbers and Indifference Surfaces" *Trabajos de Estatistica*, 4, 209-242.

[9]   Pastor, J.T., Ruiz, J.L., and Sirvent, I. (1999) "An enhanced DEA Russell graph efficiency measure". *European Journal of Operational Research*, 115, 596-607.

[10] Thore, S., Kozmetsky, G., and Phillips, F. (1994) "DEA of Financial Statements Data: The U.S. Computer Industry" *Journal of Productivity Analysis*, 5, 229-248.

[11] Tone, K. (2001) "A slacks-based measure of efficiency in data envelopment analysis". *European Journal of Operational Research*, 130, 498-509.

[12] Tone, K. (2002) "A slacks-based measure of super-efficiency in data envelopment analysis". *European Journal of Operational Research*, 143, 32-41.

[13] Tone, K. (2003) "Dealing with undesirable outputs in DEA: a slacks-based measure approach". *GRIPS discussion paper* I-2003-0005.

[14] Tone, K. and Tsutsui, M. (2009) "Network DEA: A slacks-based measure approach", *European Journal of Operational Research*, 197, 243-252.

[15] Tone, K. and Tsutsui, M. (2010) "Dynamic DEA: A slacks-based measure approach" *OMEGA*, 38(3-4), 145-156.

[16] Tone, K. and Tsutsui, M. (2011) "Applying an efficiency measure of desirable and undesirable outputs in DEA to U.S. electric utilities". *Journal of Centrum Cathedra*, 4, 236-249.

[17] Tone, K. and Tsutsui, M. (2014) "Dynamic DEA with network structure: A slacks-based measure approach" *OMEGA*, 42(1), 124-131.

[18] Tone, K. and Tsutsui, M. (2017) "The Network DEA Model", "The Dynamic DEA Model", and "The Dynamic Network DEA Model", Chapter 7, 8 and 9. In *Advances in DEA Theory and Applications: with Extensions to Forecasting Models* (Edited by Tone, K.), Wiley.

第 2 章

電気事業における DEAの活用

筒井美樹
電力中央研究所

2.1 ◆ はじめに
....

　DEA は，文献[3]によって世に出て以来，公共団体や企業，場合によっては
個人など，さまざまな主体(DMU)の効率性評価に用いられてきた．実際に，こ
れらのDMU は，みな一様に優れたパフォーマンスを発揮しているとは限らな
い．あるものは少ない資源で多くの成果をあげ，またあるものは多くの資源を
費やすにもかかわらず成果はあがらない，ということが往々にして生じうる．
すでに序章や第1章で述べられたように，DEA は後者を「非効率」なDMU と
見なし，前者の効率的なDMU との相対比較から，非効率を数値化するととも
に，その改善の方向性についても指し示す手法である．

　基本的には，どのような分野・業種にも適用可能な手法であるが，特にDEA
が得意とする分野もある．例えば，教育や医療，スポーツなど，投入資源や成
果が金銭的価値に換算しにくいような業種がこれに当たる．仮に，入力変数・
出力変数について，金銭価値に換算できる要素ばかりであれば，DEA の「可変
ウェイト」などを用いずとも，効率値は計算可能である[1]．要素間の価値関係
(すなわちウェイト)が明確でない場合にこそ，DEA 手法を適用する意義が高
まると言える．

　また，競争に晒されていない規制産業も分析の対象となりやすい．一般に競
争市場においては，競争が事業者に対して効率化を促すとされるが，規制事業
においては，効率化するインセンティブが働きにくいと言われる．非効率な運
営を行っていても自発的には解消されづらく，それでも競争市場のように淘汰
されることがない．その結果として，規制下の事業者には非効率が発生しやす
いとの考えから，DEA による格好の分析対象となってきたのである．

　本章では，DEA を適用する産業として，「電気事業」に着目する．電気事業
に対しても，これまで多くの研究者がDEA を用いた分析を行ってきたが，そ
の分析の観点はさまざまであった．そこで，2.2節では，これまでの電気事業

1　序章や第1章でも述べたように，DEA は複数の入力・出力を扱えるという特徴がある．
　複数の要素をウェイトで加重した「仮想的出力/仮想的入力」を計算するからであるが，そ
　の際DEA では，当該DMU にとって最も都合のよいウェイトを適用するという「可変ウェ
　イト」を用いている．しかし，例えば投入物や産出物が市場などで流通し，市場価格がつい
　ていれば，その価格をウェイトとして利用して，金銭的価値に換算できる．つまり，可変ウ
　ェイトを使わずとも，「仮想的出力/仮想的入力」＝「生産額/投入額」を容易に計算できる
　ということである．

への適用事例と分析の観点を紹介した上で，2.3節では，電気事業の中でも「配電事業」に対するインセンティブ規制への効率性分析の活用について述べる．配電事業に対するインセンティブ規制は，欧州では多くの国に採用されており，わが国においても，本稿を執筆している時点で，その導入の可能性について議論されている．本稿では，ドイツで導入されているインセンティブ規制で用いられた DEA の結果を紹介する．さらに2.4節では，ドイツの例に倣い，わが国の配電事業のテストデータを用いて DEA の効率値を試算し，わが国でのインセンティブ規制に対する DEA の適用可能性について述べる．同時に，数値例を見ながら，事前のデータの精査方法，DEA の効率値の特徴や，効率値以外の結果の活用方法，サンプル(DMU)数の問題など，実際に DEA を計測する際の留意点についても概説する．

2.2 ◆ 電気事業における効率分析

2.2.1……電気事業の変遷

　電気事業は一般に，火力や水力などの発電所において電気を作り，送配電ネットワークを利用して需要家に届ける事業である．従来，わが国も含めた多くの国々で，これらの機能のすべてを有する「垂直統合型」の電力会社が電気事業の主な担い手であった．また，発電所も送配電ネットワークも，多額の設備投資を必要とすることから，より効率的に投資を進めるため，地域ごとに参入規制が設けられてきた．つまり，電気事業は長らく，垂直統合型の電力会社に地域独占を認める「規制事業」であったのである．

　しかし，1990年の初頭，ノルウェーや英国などで，電気事業の「自由化」が進められる[2]．それまで1つの事業と捉えられていた電気事業も，「発電」「送電」「配電」「小売」がそれぞれ別の事業として扱われるようになり[3]，発電と小

2　わが国では，第二次世界大戦後，電気事業は民営であるが，欧州では国営のところも多く，近年の自由化と同時に民営化も進められた．

3　電気を送る事業は「ネットワーク事業」とも呼ばれ，一般的に，より発電所に近い高電圧の電気を送るのが「送電」であり，より需要家に近い低電圧の電気を送るのが「配電」である．以降，必要に応じて，両者を合わせて「送配電」と呼ぶこともある．また，送配電が物理的に電気を送る事業であるのに対し，需要家に料金を提示し契約を行う行為については，「小売」として別の事業となる．なお，厳密には「電力小売」であるが，本稿ではこれ以降，「小売」と記す．

売については参入規制が撤廃され，競争が導入されるようになった．新規参入の事業者が発電市場や小売市場に参入し，互いに料金やサービス品質等について競争するようになったのである．

　このような電力自由化の流れはわが国にも達した．1995年に31年ぶりに行われた電気事業法の改正を皮切りに，2000年には大口の産業用需要家を対象とした小売市場の部分自由化，2005年には卸電力市場（JEPX）の運用開始など，徐々に発電・小売について自由化は進展していった．特に2016年4月に実施された家庭用需要家まで含めた小売全面自由化は，我々の記憶にも新しい．マスコミでも大々的に報道され，新規参入者による電気販売に関する宣伝広告も頻繁に目にするようになった．さらに，2020年3月までに，全国に10社ある電力会社において，送配電事業部門が別会社化されている．

2.2.2……電気事業へのDEAの適用事例

　先述の通り，電気事業にDEAを適用した先行研究は数多く存在する．文献[7]では，1980年代から2010年代にかけての，DEAを用いたエネルギーや環境関連の693件に及ぶ先行研究を整理しており，その中でエネルギーに関するものは407件，特に電気事業に関するものは185件と比較的大きな割合を占めている．さらに，そのうち発電部門を対象としたものが約5割で，送配電が約3割と，分析対象となる部門もさまざまである．

　これらの分析の動機や目的はさまざまと推察されるが，本節ではその例として，筆者自らが手がけた電気事業へのDEAの適用事例を中心に紹介する．なお，ここでは，分析の背景や動機に焦点を当てるのみとし，具体的なモデルについては，第1章や参考文献を参照されたい．

① 効率性の国際比較

　ちょうど，わが国で電力自由化が議論し始められた1990年代半ば，わが国の電気料金は国際的に見て割高であると，OECD（経済協力開発機構）などにも指摘されていた．たしかに，当時のわが国の電気料金は割高であった（次ページ図2.1）．その原因として，わが国は資源小国であるため，発電に必要な燃料を輸入に頼っていることや，環境対策や停電対策が進んでおり，それらに費用がかかっていることなどが挙げられた．しかし，中にはわが国の電力会社の非効率が原因ではないかとの指摘もあった．これに対し，わが国の電力会社が，

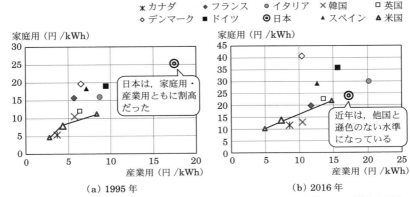

図 2.1　電気料金の国際比較（注：縦軸が家庭用電気料金，横軸が産業用電気料金を示す．米国については，州によって大きく料金水準が異なるため，平均値を中心に安い州の代表と高い州の代表を線で結んでいる．欠損値であった(b)のデンマークは 2015 年の値を利用．）［出典：*IEA Energy Prices and Taxes* をもとに作成］

　諸外国の電力会社と比較して本当に効率性で劣後するのか検証してみようと先輩に誘われたのが，筆者が DEA を学び始めたきっかけであった．

　比較対象として着目したのが，米国の電力会社である．わが国と同様に垂直統合型の民営事業者が数多く存在し，必要なデータも整備されて入手可能であったことが，米国を選んだ主な理由であった．1995 年当時，米国の電気料金は，全州の平均値でわが国のおよそ 3 分の 1 程度であり，仮に非効率がこの格差の主要因であれば，効率値にも大きな格差が生じているはずである．

　文献[15]では，垂直統合型の電気事業者の会社全体について，総合コスト効率性や技術効率性の日米比較を行っている．わが国の電力会社 9 社と，代表的な米国の大手電力会社 13 社の平均値を比較し，わが国の方が上回っていることと，米国の方が効率値のばらつきが大きいことなどを示した．

　また，文献[17]では，部門別の技術効率性についても，発電部門，送配電部門，一般管理部門に分けて，マルムキスト指標などを用いた時系列分析を行っている．ここでも，全般的に米国の電力会社は効率値の高いところと低いところの格差が大きい傾向が示されている（次ページ図 2.2）．一方，わが国の効率値は，発電部門においては，米国の効率値が高い電力会社とほぼ同程度であり，送配電部門においては，米国のほぼ中程に分布し，平均値は同程度であった．一般管理部門では，米国の効率値の低い電力会社と同程度であった．

　以上の結果より，部門によって異なるものの，会社全体に占める発電部門や

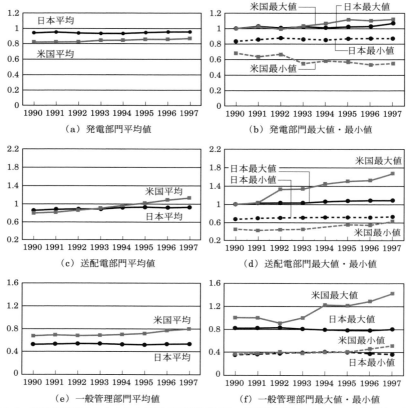

図2.2　相対化累積マルムキスト指標の日米比較（注：相対化累積マルムキスト指標は，文献[17]においては「AP指標」と呼称している.）[出典：[17]]

　送配電部門のウェイトが圧倒的に大きいことを考慮すると，わが国の電力会社は，米国の電力会社よりも効率値が大きく劣っているわけではなく，電気料金の格差は非効率以外の要素に起因するであろうことを明らかにした.

　それでは，電気料金が高い理由はどこにあるのか？　わが国も米国も，当時は「総括原価方式[4]」で電気料金が決まっており，およそ費用水準の差が，電気料金の差を説明し得た．一般に，費用は「数量」×「単価」で表現される．このうち，技術非効率は「数量」側に無駄が生じていることを意味する．先の分

4　財やサービスを供給する際に必要とされる費用を基に料金を決める方式であり，従来，多くの国で，電気のみならず，ガスや水道などの公共料金の決定方式となっていた.

析で，電気料金（もしくは費用）の日米格差が技術効率性の差で説明できないの
であれば，「単価」の側に，その理由があると考えられる．

　そこで，文献[10]では，投入物として資本費や人件費，燃料費を，産出物とし
て販売電力量を用い，そこで計測された非効率（1－効率値）を，技術非効率，価
格非効率に分解することを試みた．その結果，価格側に料金（費用）格差の原因
があることを示した．

　ここで価格非効率と述べている概念は，同じ産出物を得るに際し，単価が割
高であるために費用増になっている要因を抽出したものである．それを「非効
率」と表現しているが，単価が高いという事実は，電力会社の何らかの怠慢に
よって生じる場合もあるが，それだけとは限らない．例えば，環境対策や停電
対策により費用をかけた結果として，単価が高くなっていることも考えられる．
つまり，産出物である電力に，環境性能や安定供給といった品質に違いがある
ということである．そこで，文献[18]では，環境対策や品質対策といった環境
要因に起因するであろう格差を，多段階モデルで事後的に分解することを試み
ている．その結果，価格非効率として計測されていた部分の大部分が，それら
の環境要因で説明できることを示し，環境要因の影響を排除した総合的な非効
率（総合コスト非効率）の平均は，日米でほぼ同程度であることを明らかにした
（図 2.3）．

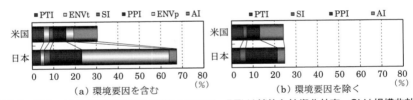

図 2.3　総合コスト非効率性の分解（注：ここで，PTI は純粋な技術非効率，SI は規模非効率，
　　　　PPI は純粋な価格非効率，AI は配分非効率，ENV_t は技術非効率における環境要因，
　　　　ENV_p は価格非効率における環境要因）[出典：[18]]

② bads の考慮

　DEA においては，DMU の産出物として，通常は多ければ多いほど好ましい
「goods（desirable output）」を対象とする．しかし，事業活動においては，多い
ほど好ましくない「bads（undesirable output）」を期せずして排出してしまう
ことがある．DEA では，これらの bads について，2.2.2 節①でも利用したよ
うな，効率値を多段階モデルで事後的に補正する方法がある一方で，直接

DEA に組み込むモデルも複数提案されている[文献5]. 電気事業, 特に発電事業は, 使用する燃料にも依存するが, 発電所にて窒素酸化物(NO_x)や硫黄酸化物(SO_2), 二酸化炭素(CO_2), 石炭灰などを排出する. そのため, このような bads を考慮できるモデルを電気事業に適用した先行研究も多い. 先に紹介した文献[7]でも, 発電部門への適用研究の約7割は, bads のような環境要因を考慮したものとなっている.

文献[13]では, 米国の電力会社のデータを用いて, bads を含めた効率値の時系列推移を検証している. ここでは, 入力変数や goods などと比例的に排出される bads と, それらとは独立に排出される bads の双方を扱えるモデルを提案している. 米国の電力会社の計測例では, 入力変数である火力燃料, 出力変数(goods)である火力発電所の発電電力量, 出力変数(bads)である NO_x と SO_2 の排出量を, ともに関連性のある変数として扱う一方で, 発電容量を独立の入力変数, 火力発電所以外の発電電力量を独立の出力変数(goods)としている. 図2.4(次ページ)は, 総合的な非効率(1−総合効率値)の原因を要素ごとにまで分解し, それぞれの推移を示したものである. 総合的な非効率が年々減少する中, 特に bads として扱った NO_x や SO_2 排出量, 入力変数である発電容量に関わる非効率の減少幅が大きい.

また, 送配電部門を対象に, 停電回数などを bads として扱う研究もある. 文献[16]では, 英国において分散型電源や再生可能エネルギーの導入拡大が進んだ時期の, 配電事業者の効率性の変化について分析している. 入力変数に費用を用い, 出力変数には需要家数や配電線延長を配電サービス(goods)として定義する一方で, 停電回数や停電時間を bads としてモデルに組み込んでいる. このように入力変数として費用を用いる場合, DMU が重点的に負担している費用項目を把握し, それに呼応して出力変数を選ぶ必要がある. DMU が停電対策に多くの費用を費やしている(もしくは費用が増加している)場合は, このような bads を考慮しないと, 効率値が必要以上に低く計測される可能性がある[5]. 特に, 分散型電源や再生可能エネルギーの普及に伴って, 停電対策に関する配電費用が増加すると見込まれる場合は, bads の考慮がより重要になると指摘している.

---

5 特に, 費やす停電対策費用について DMU 間の格差が大きい場合は, bads を考慮しないことによる効率値のバイアスが大きくなる可能性が高い.

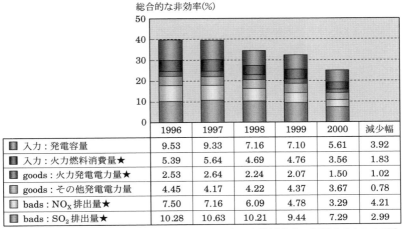

総合的な非効率(%)

	1996	1997	1998	1999	2000	減少幅
入力：発電容量	9.53	9.33	7.16	7.10	5.61	3.92
入力：火力燃料消費量★	5.39	5.64	4.69	4.76	3.56	1.83
goods：火力発電電力量★	2.53	2.64	2.24	2.07	1.50	1.02
goods：その他発電電力量	4.45	4.17	4.22	4.37	3.67	0.78
bads：NO_x排出量	7.50	7.16	6.09	4.78	3.29	4.21
bads：SO_2排出量★	10.28	10.63	10.21	9.44	7.29	2.99

図 2.4　米国の発電所非効率分解(★は関連性のある変数)[出典：[13]をもとに加筆]

③ ネットワーク・ダイナミック DEA

　すでに述べたように，垂直統合型の電気事業は発電や送配電など，まったく異なる機能の事業の集合体と考えられる．この集合体に対して DEA を適用する場合，DMU 間の大まかな効率値の違いは計算できるというメリットはあるものの，どの部門に非効率が発生しているのかは突き止めにくい．

　また，集合体の効率値を計測する際に使う入力変数・出力変数は，例えば燃料のように，特定の部門(この場合は発電部門)における入力変数をそのまま使う場合や，労働人員のように，各部門の合計値を使う場合もある．どちらにせよ，集合体として扱うことで，事業活動によって投入物が産出物に生まれ変わるまでの過程が不明瞭になる(ブラックボックスモデル)．それぞれの部門の入出力の関係が明確な場合にブラックボックスモデルを用いると，効率値にバイアスが生じかねないことは第 1 章でも述べた．

　これに対し，発電・送電・配電といったブラックボックス内のそれぞれの内部機能に着目し，個別に DEA を適用することも可能である(セパレートモデル)．この場合は，それぞれの部門に対応する入力変数と出力変数を明確に分けることができるため，バイアスを回避できる上に，非効率がどの部門に生じているか，より詳細に検証することができる．しかし，それぞれの部門は独立に活動を行っているわけではなく，発電部門で生産した電力は送電部門に回されるといった内部取引が存在する．部門ごとに個別に効率値を計測すると，こ

のような内部取引による部門間の相互関係が考慮されない. これらのことから, 垂直統合型の電気事業は, まさにネットワーク DEA モデル(第 1 章参照)を適用するにふさわしい業態といえる. 文献[11]では, non-radial モデルベースでネットワーク DEA モデルを展開し, 垂直統合型の電気事業に適用している.

また, 電気事業は設備産業であり, 発電にしても, 送配電にしても, 長期的視点に立った巨額の設備投資を伴う. これらの投資は, 複数年先の事業活動を見越して行われるものであり, 単年度で評価するのはふさわしくない. 例えば, 複数年に渡って回収を見込んだ大規模投資を行った場合, ある 1 年の投入量として扱ってしまうと, 通常の DEA においてはどうしても過剰投入となり, 非効率と評価されてしまうのである. この問題を避けるためには, 複数年で最適化を図るモデルが必要となる. ダイナミック DEA モデルは, ある一定の期間全体の効率値を計測することができ, 資産等の次期繰り越しを考慮できる特徴をもつ(第 1 章参照). そこで文献[12]では, non-radial モデルベースのダイナミック DEA モデルを提案し, 数値例の一部として日米の電力会社に適用している.

さらに, 文献[14]では, 2 つのモデルを組み合わせたネットワーク・ダイナミック DEA モデルも提案している. これは, 電気事業の垂直統合の内部構造を考慮しつつ, 複数年にわたる投資の効果についても同時に評価できるモデルと捉えることができる. 図 2.5(次ページ)は, 米国の 21 の垂直統合型の電力会社に対してネットワーク・ダイナミック DEA モデルを適用し, 5 か年の総合効率値について, ネットワーク構造を考慮しないダイナミック DEA モデルの結果と比較を行ったものである. なお, この 2 つのモデルは, 入力変数や出力変数の数をはじめ, 構造自体が異なるモデルであるため, 効率値自体を直接的に比較することはできない. あくまで, 効率値の傾向の違いにだけ注目すると, ネットワーク構造を考慮しなかったモデルで効率的と評価されている DMU について, それを考慮したモデルにおいては効率値が下がっている傾向が見られる. これは, 先に述べたように, ネットワーク構造を考慮しないことによってバイアス(過剰評価)が生じていたものと考えられる.

なお, 自由化以降, 電気事業の垂直統合形態についても変化が見られる. 特に欧州では, 従来の垂直統合型の電力会社が, 自ら発電・送電・配電・小売のポートフォリオを組み替えるようになってきている. 仮にそれらの事業をすべて保有していたとしても, 内部取引を前提としない事業者も存在する. このよ

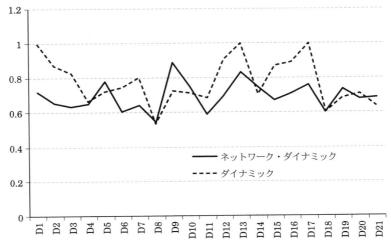

図2.5 ネットワーク・ダイナミックモデルとダイナミックモデルの比較[出典：[14]をもとに加筆]

うに同業種であっても，DMU ごとに組織構成が異なるというケースは，電気事業のみならずさまざまな産業で散見される[6]．組織構成が異なる DMU に対していかにネットワーク DEA を適用するかは，今後の課題といえる．また，部門ごと外部の企業にアウトソースしているケースの取り扱いについても，効率値計測にあたっては，モデルもしくは使用データに何らかの工夫が必要であろう．

④ インセンティブ規制

2.2.1 節において電気事業の大まかな変遷についてふれ，自由化によって発電事業と小売事業に競争が導入された経緯を述べた．ここで注意したいのが，「送電」「配電」については，従来通り「規制事業」として扱われる点である[7]．先に述べたように，規制事業については，非効率が発生しやすいと考えられているため，そもそも，DEA による効率性分析の対象にもなりやすく，先行研究も多い[文献7]．

---

6 ホテルの分析におけるレストラン部門の有無や，病院の分析における入院設備や検査設備の有無などが，例として挙げられる．
7 この背景には，ネットワーク事業には自然独占性があると考えられていることや，二重投資を避けるためなどの理由がある．

　また，発電・小売について競争導入を図った欧州諸国では，効率化インセンティブの働きにくい送配電事業についても，擬似的な競争環境を提供し，事業者に効率化のインセンティブを付与する制度の導入を考えた．それが，「インセンティブ規制」である．目指すべき目標を与え，それに対する成果に応じて報酬を与える（もしくは提供する財・サービスの価格を決める）ことで，効率化努力を促そうというものである．レベニューキャップ規制（収入上限規制）やプライスキャップ規制（価格上限規制）が，その代表例として挙げられる．

　従来，送配電料金（託送料金）には総括原価方式が採用されてきた．つまり，要する費用に応じて料金が決まっていたのである．これに対して，レベニューキャップ規制では，事業者の収入に上限値（キャップ）を設定し，それを一定期間維持する．期間中に効率化努力によって費用削減を図ることができた場合，その削減分を利益として事業者が受け取ることができるのである．プライスキャップも同様の仕組みであるが，事業者の収入ではなく，財やサービスの価格に上限値が設定される．

　最も基本的なレベニューキャップの計算式（フォーミュラ）は式(2.1)に示すとおりである．基準年の収入 R_0 に対して，t 期までの物価の変動（CPI）や，業界全体の生産性の変化（X ファクター）を控除して，t 期のキャップ R_t が決定される．これを基本形として，さらに事業者ごとの効率値や，品質，設備投資などが考慮されるモデルもある．この X ファクターや事業者ごとの効率値の計測に DEA が用いられているのである．

$$R_t = R_0(1 + \mathrm{CPI}_t - X_t) \tag{2.1}$$

　表2.1（次ページ）は，一部の欧州諸国について，採用される送配電の料金規制を示したものである．国によってさまざまであるが，近年はレベニューキャップが主流といえる．プライスキャップの場合，電気の販売量が増えると，それだけ事業者の収入が増えることになり，省エネに対する事業者のインセンティブを削ぐ制度との指摘もある．特に欧州では，地球温暖化が優先順位の高い課題と認識されており，省エネに対する意識も高い．一方，レベニューキャップであれば，省エネを促進して販売量が減少したとしても，理論上は，事業者側で価格を調整することで利益への影響を減らすことが可能となる．

　また，DEA のみならず，応用修正最小二乗法（MOLS）[8]，確率フロンティアモデル（SFA）や，確率的ノンパラメトリック包絡法（StoNED）など，さまざまな手法が用いられていることがわかる．これらのモデルで計測された効率値を参

表 2.1　欧州の送配電事業の規制と効率性計測手法の例（注：MOLS: Modified Ordinary Least Square, StoNED: Stochastic Nonparametric Envelopment of Data, Ad hoc は一時的な利用を指す．送電における DEA については，すべて国際的なベンチマークにおいて用いられている．＊が付いているものは，各国の規制として直接的に実施しているわけではないものを示す．）［出典：［1］をもとに作成］

国名	規制方法	効率性計測手法	
		配電	送電
オーストリア	レベニューキャップ	DEA, MOLS	DEA*
ベルギー	レベニューキャップ	DEA*	DEA
デンマーク	レベニューキャップ	MOLS	DEA
エストニア	レベニューキャップ	MOLS	DEA*
フィンランド	レベニューキャップ	StoNED	DEA
ドイツ	レベニューキャップ	DEA, SFA	DEA
イギリス	レベニューキャップ	MOLS	DEA*
アイスランド	レベニューキャップ	Ad hoc DEA*	DEA
ポルトガル	レベニューキャップ	SFA	DEA
スロベニア	プライスキャップ	DEA	－
オランダ	ヤードスティック	MOLS	DEA
ノルウェー	ヤードスティック	DEA	DEA
スウェーデン	報酬率	Ad hoc DEA*	DEA*
スイス	コストプラス	Ad hoc DEA*	－

考情報として利用している国もあれば，政令にその利用を明記して規制に活用している国もある．電気事業に関わる「研究」としてではなく，国が実施する「規制」の一部として，DEA が活用されている例として，とても興味深い．次節では，配電事業のインセンティブ規制において，DEA と SFA の利用を政令で規定しているドイツの事例を紹介したい．

2.3 ◆ ドイツの配電事業規制における DEA の活用
....

　ドイツでは，1990 年代後半から電力自由化が進展し，発電・小売事業への競争導入が進んだ．一方，配電事業については，従来通り総括原価方式によって

8　MOLS（Modified Ordinary Least Square）は，修正最小二乗法（Corrected Ordinary Least Squares: COLS）の応用モデルである．定訳がなかったため，ここでは意訳している．

規制されていたが，2009年に，配電事業者にも効率化を促すため，レベニュー
キャップ規制が導入された．規制期間は5年であり，その間，キャップは据え
置きされるため，効率化を図って費用削減を達成できた暁には，事業者はそれ
に基づく利益増分を受け取れる[9]．

　レベニューキャップ規制の詳細は，「電力ネットワークのインセンティブ規
制に関する政令（Anreizregulierungsverordnung: AregV）」に定められており，
2009〜13年を第1規制期間，2014〜18年を第2規制期間としている．ちょうど
本稿の執筆時には，第2規制期間が終了し，第3規制期間に入ったところであ
るが，ここではDEAが活用されている事例として，文献[19]に基づいて第2
規制期間用に行われた効率性分析の結果を紹介する．

　なお，ドイツの電気事業は，わが国のような垂直統合型の大手電力会社4社[10]
に加え，自治体電力などの小規模の配電事業者[11]が800社以上も存在している．
実際に効率値計測対象となる配電事業者は，このうち一定規模以上の200社程
度である．

2. 3. 1……レベニューキャップの計算式

　ドイツの第2期制期間における具体的なレベニューキャップの計算式（フォ
ーミュラ）は図2.6（次ページ）の通りである．式(2.1)で示した最も標準的なモ
デルよりも，さまざまな要素が加味されていることがわかる[12]．基本は，総括
原価と同様に，配電事業に必要な費用を積み上げてレベニューキャップを決め
るのだが，ただ単純に費用を積み上げるのではない，という点が特徴である．

　第1のポイントとして，事業者にとって「管理不能な費用」は事前に仕分け
て，効率化を図るべき費用から外していることが挙げられる．例えば，最終的
に政府などに納められる税金類や，法律に基づく安定供給設備のための費用な
ど，事業者の努力では減らすことができないものが対象である．この部分は図
2.6のフォーミュラの①にあたり，効率値に影響を受けることなく，キャップ

9　あくまで設定されているのは収入の上限値であり，それを下回るように料金を設定するこ
　とは可能である．すなわち，費用削減した分について，収入（料金）を下げることで，需要家
　に還元することも可能，ということである．
10　ただし，送電部門は売却済みの会社も含む．
11　これらの事業者は，配電事業にあわせて小売事業も行っていることが多い．
12　第3期には，このほかに，効率的な事業者に対する「ボーナス」や，新たに設備投資を行
　った場合の費用に対する「資本費調整項」なども考慮されるように改訂されている．

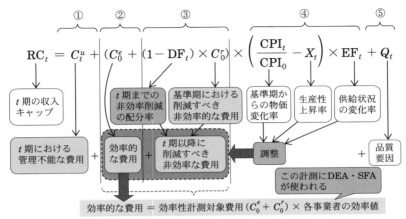

$$\mathrm{RC}_t = C_t^u + (C_0^e + (1-\mathrm{DF}_t) \times C_0^r) \times \left(\frac{\mathrm{CPI}_t}{\mathrm{CPI}_0} - X_t \right) \times \mathrm{EF}_t + Q_t$$

図 2.6　ドイツのレベニューキャップのフォーミュラ（第 1, 2 期）

に積み上げられている．また，配電ネットワークの信頼度を維持するための費用についても，品質要因（Q ファクター）としてキャップに積み上げられている．この部分がフォーミュラの ⑤ である．

　このような費用を事前に仕分けてレベニューキャップに積み上げ，費用回収できるようにしていることは，事業者間の公平を期す意味でも，電気の安定供給のために必要な費用を確保するためにも，重要な作業であるといえる．

　第 2 のポイントは，キャップには「効率的な費用」のみ積み上げている点である．仮に効率値が 80% と計算された場合は，非効率な 20% 分の費用は，レベニューキャップの計算から除外されるのである．つまり，費用回収が保証されるのは費用の 80% であり，効率化によって最低でも 20% の費用削減を図らなければ，赤字が生じてしまうことになる．一方で，20% 以上の効率化が図れた場合は，その分については利益として受け取れるという仕組みである．この「効率的な費用」の部分が，フォーミュラの ② の部分である．

　第 3 のポイントは，削減すべき非効率な費用についても一気に削減することは求めておらず，段階的に非効率の解消を図ることを認めている点である．ドイツでは基準期において計算された非効率分の解消を，第 1・第 2 規制期間を通して，10 年間で実施するように設定している．フォーミュラの ③ 部分に現れる DF_t は，t 期までの非効率の累積配分率をさす．仮に 10 年間で均等に非効率を解消するなら，1 年目の累積配分率は 10%，4 年目は 40%，10 年目で 100% となる．$(1-\mathrm{DF}_t)$ とすることで，t 期の時点で残り期間に配分される非効率の

割合となる．つまり，1年目は90％，4年目は60％，10年目で0％ということ
である．このように，t期より後に削減すべき非効率については，t期の時点で
はキャップに積み上げられ，費用回収が認められているのである．この部分が
③である．

　数式を用いてもう少し具体的に表現しておこう．まず，効率的な費用 C_0^e と，
配分前（$DF_0 = 0$）の非効率な費用 C_0^r の合計を，効率性計測対象費用（C_0^{e+r}）
とする．効率値が80％だった場合，$C_0^e = C_0^{e+r} \times 0.8$ となり，これが②の部分
である．一方，非効率は20％なので，$C_0^r = C_0^{e+r} \times 0.2$ となる．さらに，先述の
例に基づいて1年目の配分率を10％とすると，1年目のキャップに積まれる
③の部分は，$C_0^{e+r} \times 0.2 \times 0.9$ ということになる．

　なお，キャップとして積み上げられる②と③の費用は，物価（CPI）や生産
性（X ファクター），供給状況（需要家の数や供給地域の範囲）[13]の変化率で補正
される（④）．このうち，生産性の変化率は，業界全体の効率性水準の変化を捉
える要因であり，キャップの水準の経年的な補正項と考えればよい．

2.3.2……DEA モデルと SFA モデル

　図2.6の②に示される「効率的な費用」は，事業者によって管理可能として
仕分けられた費用（効率性計測対象費用：C_0^{e+r}）に対し，それぞれの事業者の効
率値を乗じることで計算する．この効率値を計算するのに使用されているのが
DEA や SFA である．

　DEA も SFA も，ともにフロンティア手法と呼ばれる効率性分析の代表的な
手法である．通常の回帰分析の場合，全 DMU のちょうど平均的な水準辺りを
通る線が描かれる（次ページ図2.7(a)）．一方で，フロンティア手法による効率
性分析の場合は，より効率的な DMU の辺りを通る線をフロンティアとし，こ
れを効率値計測の基準とする．この効率的フロンティアからの乖離を基に効率
値を計算する，という点では，DEA も SFA も同じであるが，フロンティアの
定義をはじめとして，それぞれ異なる特徴を持つ．DEA については，すでに
序章や第1章にて述べた通りである．一方，SFA の詳細については，文献[6]
などの文献を参考にしていただくとして，ここでは両者の特徴点を把握するた

13　供給状況を補正する拡張要因は，第3規制期間から配電事業者用（高圧）のフォーミュラ
　　には含まれていない．

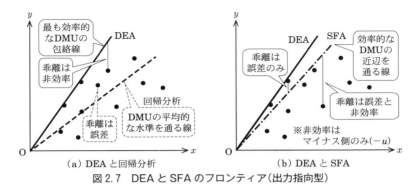

図 2.7　DEA と SFA のフロンティア（出力指向型）

めに，ごく簡単な特徴のみ概説する．

　DEA は，DMU の投入量や産出量をプロットし，その包絡線を描くことでフロンティアを構成するが（図 2.7(a)），SFA では，フロンティアに特定の生産関数や費用関数を仮定する．関数には誤差項を含み，フロンティアからの乖離をすべて非効率と捉えるのではなく，データの誤差等もあると想定する．そのため，フロンティア自体は DEA のような包絡線とはならず，概念的には少し内側に位置することになる（図 2.7(b)）．

　具体的には，誤差項の分布形について特殊な仮定をおく．通常の重回帰分析では，統計的な誤差として誤差項 ε_i を仮定するが，SFA では誤差項に非効率も含まれているとし，下記のように仮定する．

$$\varepsilon_i = v_i - u_i \tag{2.2}$$

ここで v_i は通常の統計的誤差であり，正規分布を仮定する．一方，u_i は非効率を示し，式(2.2)の場合は生産関数を仮定しているので，その符号はマイナスになる[14]．つまり，非効率がある場合（$u_i > 0$）は，生産量 y が減る方向に影響（$-u_i$）するということである．非効率の u_i 自体はプラス側にだけ存在することから，その分布形も半正規分布や切断正規分布等を仮定する．図 2.8（次ページ）では半正規分布の例を示しているが，v_i から u_i を引いた ε_i は，少し偏った分布となっていることがわかる．

　このような特殊な分布形を仮定するため，通常用いられる最小二乗法ではな

14　費用関数の場合は，非効率があると費用が増加するので，非効率 u_i の符号はプラスとなる．

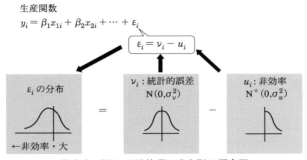

生産関数
$$y_i = \beta_1 x_{1i} + \beta_2 x_{2i} + \cdots + \varepsilon_i$$

$$\varepsilon_i = \nu_i - u_i$$

ε_i の分布 = ν_i：統計的誤差 $N(0, \sigma_\nu^2)$ − u_i：非効率 $N^+(0, \sigma_u^2)$

←非効率・大

図 2.8　SFA の誤差項の分布形の概念図

く，確率密度関数から尤度関数を定義し，最尤法を用いて解く．さらに，得られた誤差項や非効率の分散の推定量を用いて，非効率 u_i の値を求める．

　一般に，SFA のようなフロンティアに関数型を仮定する「パラメトリック手法」では，関数型や誤差項の分布などを先験的に仮定しなければならない．この設定次第で，効率値も変わってくることになり，どのように設定するかが課題となる．一方で DEA は，「ノンパラメトリック手法」と呼ばれ，実データに基づいてフロンティアを描かせるため，関数型などの先験的な前提を必要としないというメリットがある．

　また，SFA は誤差項を設けているため，データにはずれ値などがあってもある程度は対応できる．一方，DEA は実データの傾向がそのまま結果に現れやすく，仮にデータにはずれ値が含まれる場合は，効率値がその影響を強く受けやすいというデメリットがある．

　このように，DEA と SFA は互いに一長一短を有する関係にある．ドイツでは，配電事業者の効率値を，それぞれ 2 種類のデータセットを用いて，DEA と SFA で計算する．両者を用いることで，互いの欠点を補完することをねらっていると考えられる．実際には，得られた 4 つの効率値のうち，最もよい値を使うこととなっている．つまり，片方のモデルの欠点に起因して，極端に低い効率値が出た場合も，他方のモデルの結果で救済しうるということである．

　なお，DEA については，NDRS（Non-Decreasing Returns to Scale）モデルを採用することが政令に定められている[15]．このモデルでは，小規模事業者に対しては収穫逓増を仮定しており，事業者の規模が小さくなるほど，フロンティアが内側に折れ曲がるフロンティアを想定する（図 2.9）．そのため，NDRS で

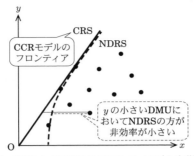

図 2.9 CRS と NDRS のフロンティア(入力指向型)

計算すると，基準モデルである CCR（CRS フロンティアを仮定）と比較して，小規模事業者の効率値が上昇する傾向にある．一方で，大規模事業者に対しては，収穫逓減は仮定していない，すなわち規模が大きくなりすぎることで，効率が下がることは前提としていない．そのため，大規模事業者については NDRS で計算しても，基本的には基準モデルである CCR と同様の結果となる．ドイツにおいて NDRS が採用されているのは，一般に送配電事業では規模の経済が働くこと，またドイツでは小規模な配電事業者が多いことなどを配慮した結果と推察される．

　一方，SFA については，政令には具体的な数式は示されていないが，文献 [8]，[2] などの記述によると，下記のような Normed linear モデルが採用されている．

$$\frac{x_i}{y_{1i}} = \beta_1 + \beta_2 \frac{y_{2i}}{y_{1i}} + \cdots + \beta_m \frac{y_{mi}}{y_{1i}} + v_i + u_i \qquad (i = 1, \cdots, n) \tag{2.3}$$

　なお，ドイツの利用データについては，入力変数である x_i は総費用となる．

そのため，通常の生産関数とは異なり，非効率に関する変数 u_i は，大きいほど費用増に繋がり非効率になるので，その符号は，費用関数と同様にプラスとなる．

2.3.3……利用データ

　少ない費用で，多くのサービスを生み出す事業者を効率的と定義しており，

15　第 3 規制期間には，規模の収穫一定の CRS (Constant Returns to Scale) モデルに変更されている．

入力変数としては総費用を利用し，「簿価型（TOTEX）」と「資本費調整型（sTOTEX）」の２種類を別々に計算に用いている．出力変数については，配電事業は電気の「輸送サービス」「容量提供サービス」「顧客サービス」を提供する事業と捉え，複数の変数を設定している．規制当局は，700項目程度のデータを各配電事業者から収集し，200社近くのデータについて整合性等をすべて精査するという．その中から，最終的に，配電事業者のサービスとして11項目のデータを選択している（表2.2）．

　図2.10は，第２規制期間の効率値計測に用いられたデータであり，182事業者の各出力変数当たりの総費用（資本費調整型：sTOTEX）を示している．横軸には，事業者（DMU）がランダムに並べられているが，縦軸の具体的な数値は，

表2.2　利用データ

高圧地中線延長	低圧ケーブル＋架空線延長合計	電圧別接続ポイント合計
中圧地中線延長	高圧/中圧の年間最大負荷	合計メーター数
高圧架空線延長	中圧/低圧の年間最大負荷	低圧供給エリア
中圧架空線延長	分散型電源導入容量合計	

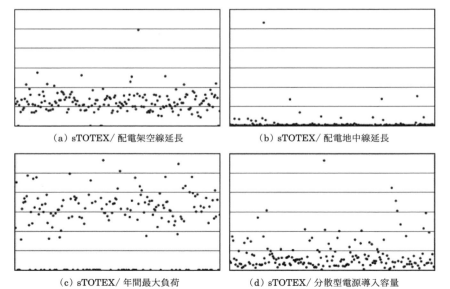

（a）sTOTEX/配電架空線延長　　　　（b）sTOTEX/配電地中線延長

（c）sTOTEX/年間最大負荷　　　　　（d）sTOTEX/分散型電源導入容量

図2.10　ドイツの配電事業者間の変数比較[出典：[8]より抜粋]

出典元にも記されていない．これは，事業者が特定できないようにする配慮と推察されるが，変数によって異なるものの，全般的にばらつきが大きいことが分かる．

2.3.4……効率値の計測結果

表2.3は，効率性計測対象である182の事業者の効率値の計算結果を示したものである．全般的に，SFAと比較して，DEAの結果の方が効率値は低めであるが，効率値が1となる事業者の数（最適数）は多い．

また，はずれ値が5%前後の事業者で発生しており，個別の結果を確認すると，多くの場合，100%の効率値が付されている．つまり，効率値が高い方のはずれ値，ということになる．これらは，DEAの計測にそのまま利用すると，全体の効率値に大きな影響を与えてしまうため，効率値は100%とした上で，サンプルから除いて改めて計測を行っている[16]．

表2.3 ドイツの配電事業者の効率値の概要

	4指標の最大値	DEA		SFA	
		TOTEX	sTOTEX	TOTEX	sTOTEX
平均	94.72%	83.65%	85.37%	91.53%	92.72%
中央値	95.00%	83.25%	85.85%	92.70%	93.40%
最小値	77.80%	46.70%	53.50%	70.00%	76.70%
最大値	100.00%	100.00%	100.00%	100.00%	100.00%
はずれ値	14	10	10	6	6
最適数	52	48	41	6	4

図2.11（次ページ）は，4つのケースで最も平均値が低いケース（DEA：TOTEX）と，高いケース（SFA：sTOTEX），4指標の最大値について，効率値の高い事業者順に182社の結果を並べている．最終的には，図2.11(c)に示される4指標の最大値を採用するが，結果的に，効率値が全般的に高くなっていることが確認できる．先述の通り，DEAとSFAのモデルの欠点を補うことにはなるが，事業者にとっては最も甘い評価がなされているともいえる．

なお，DEAとSFAでは，必ずしも効率値の相関は高くない（0.52）．

---

16 このようなはずれ値の処理方法についても，政令の付属書に示されている．

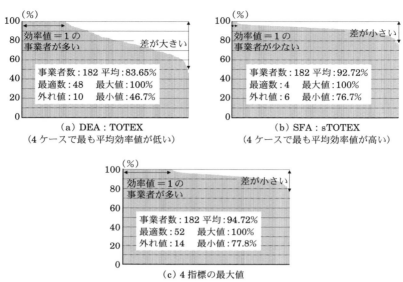

図2.11　ドイツの配電事業者の効率値[出典：[8]のデータをもとに作成]

2.3.5……効率値の結果検証

　一般に，需要密度が高いほど，配電の技術的な効率は上昇する傾向にあると言われる．また，規模の経済性が働く場合は，事業者の規模が大きいほど，効率値は上昇する．これらは，事業者のオペレーション上の怠慢とは関係なく[17]，効率値に影響を与えうる外部環境要因と捉えられる．

　ドイツのレベニューキャップ規制で利用される効率値は，事業者の努力によって改善できるものを対象として計測されるべきであり，効率値が外部環境に左右されてしまうようであれば，事業者間の公平性も保たれない．つまり，DEAやSFAで計算された効率値は，需要密度や規模といった環境要因との間に，一定の関係性があるのは好ましくないということである．これを検証しているのが図2.12（次ページ）である．図2.12(a)の横軸は，需要密度が低い事業者順に並べられており，図2.12(b)の横軸は，会社規模(sTOTEX)の小さい事業者順に並べられている．ともに，横軸が大きくなるほど，効率値が高くなる

17　規模については，事業者として最適な事業規模を選択すべきという経営課題ではあるが，ここではあくまで，オペレーションレベルでの効率性に焦点を当てている．

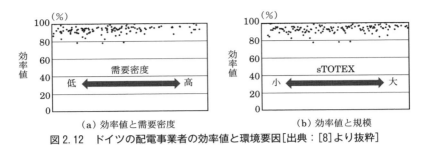

図 2.12　ドイツの配電事業者の効率値と環境要因[出典：[8]より抜粋]

ような強い関係は見られないことがわかる[18]．文献[8]では，ともに効率値との間に一定の関係性は見られないと結論づけている．

　基本的に DEA では，似たような DMU 同士を比較して，効率値を計算するという特徴がある．投入物 1 が多くて，投入物 2 が少ないもの同士，といった具合である．これは，例えばメーター数が多くて，配電線長が短いもの同士を比較していることになるので，結果的に，同じような需要密度[19]の DMU 同士を比較して，相対的な効率値が計算されていることを意味する．どのようなデータを使うかにも依存するが，DEA では特別なモデルを用いなくても，ある種の環境要因の影響は排除できるといえる．

2.4 ◆ わが国の配電事業への適用例

　わが国でも，発電・小売が自由化されると同時に，規制部門となる送配電事業に対していかに効率化を促すかは，重要な政策課題の 1 つ[20]となっている．欧州のように，託送料金に対するインセンティブ規制を導入することも，一つの選択肢であろう．託送料金規制改革については，経済産業省においてわが国に適した制度のあり方が議論されている．これらの議論は現在進行中であり，その内容については経済産業省のホームページなどで最新の情報を参照された

18　文献[8]では，このほかに地域別の賃金水準と効率値の関係も検証されている．また，別
　　途，回帰分析を用いた検証も行われている．
19　1 配電線当たりのメーター数は，需要密度の代理変数と捉えられる．
20　再生可能エネルギーの大量導入への対応や，AI や IoT 等のデジタル化に適応した次世代
　　電力ネットワークの整備，老朽化設備の更新などが大きな課題となっており，安定供給を
　　維持するためにも，費用を抑制しつつ，これらの設備投資を促していくことが求められて
　　いる．

い[21].

　本稿では，最適なキャップ水準を決めるための効率性分析に着目し，仮にドイツの配電事業者のインセンティブ規制に用いられている DEA モデルが，わが国の配電事業における託送料金規制に適用された場合の特徴や留意点について示す．先述のように，ドイツの配電事業は事業者の数が多く，DEA の利用に適しているといえる．一方で，わが国の場合，配電事業者は現時点で 10 社であり，必ずしも多くない．つまり，ドイツとは状況がまったく異なるため，ドイツと同様のモデルを利用しても，適切な結果が得られるとは限らないのである．そこで，わが国の配電事業のテストデータを用い，DEA の基本的な考え方を確認しながら，その結果の傾向や特徴について考察したい．

　また，この節にはもう一つの目的がある．DEA は，しばしばブラックボックスモデルと呼ばれる．基本は，投入物を入れて，産出物を生み出すという関係のみで効率値を計算し，その中の仕組みまでは関知していないからである．しかし，なぜこのような効率値が計算されたのかという点は，実は結果を詳細に見ることで検証することができる[22]．ここでは，わが国の配電事業の特徴を検証するのと同時に，その結果を読み解くことを通じて，DEA の特徴についての理解を促したい．

　論点としては，下記の 3 点を挙げる．

　Ⅰ．すでに述べたように，DEA の結果は利用データの特徴を大きく反映したものとなり，さらにデータの特徴に応じて用いるべきモデルも異なってくる．わが国の配電事業のデータにはどのような特徴があり，どのような DEA モデルが適用可能であるのかについて検証する．また，DEA の計測に際し，事前のデータチェックの方法についても言及する．

　Ⅱ．DEA においてよく問題となるのは，効率的と判別される事業者が大量に発生してしまう点である．せっかく効率性分析を行っても，非効率の判別力が低くては，「使えない指標」となりかねない．特に，それが DEA モデルの特徴に起因するものであれば，なおさら問題である．

21　総合資源エネルギー調査会 電力・ガス事業分科会 脱炭素化社会に向けた電力レジリエンス小委員会での議論等を参照のこと．
22　少なくとも，SFA などのパラメトリックモデルよりは，結果の検証がしやすい．

　DEA で効率値が 1 になるケースは，いくつかのパターンがある．下記は，代表的な 2 つのパターンである[23]．

① 　ある 1 つの要素生産性が，すべての DMU の中で最も高い場合．
② 　複数の要素生産性が，バランスよく高い場合．

　そこで，効率値が 1 となる事業者の特徴を本稿の結果から確認し，加えて，1 が多発する場合のメカニズムを解説する．

　Ⅲ．一般に，DEA などの効率性分析においては，サンプル（DMU）数が多い方が望ましいとされている．DEA では，経験則として下記の式を満たしていることが推奨されている．

$$\text{DMU 数} > \max \{M \times R, 3 \times (M+R)\} \tag{2.4}$$

ここで，M は入力変数の数，R は出力変数の数である．

　ドイツの場合，配電事業者は 200 社以上あるため，サンプル数の問題は生じにくいが，わが国の場合は 10 社であり，サンプル数問題は避けて通れない．そこで，サンプル数が少ないことが，実際には，どのように効率値に影響を与え得るのかを検証する．

2.4.1……データ

　繰り返しになるが，DEA はデータに結果を語らせる手法である．つまり，計算前に行うデータ自体の精査も重要となる．ここでは，利用したデータの概要を示すとともに，DEA の結果を理解するためにも重要となる，元データの検証方法についても示す．

2.4.1.1　計測サンプル（DMU）

　計測の対象は，配電事業を保有しているわが国の電力会社 10 社とする．ただし，3 か年のデータを別々の DMU として扱うこととした．すなわち，10 社×3 年の 30 DMU ということになる．この措置は，後段でサンプル数が少ない

23　この 2 つは，基本モデルである CCR における特徴といえる．このほか，VRS フロンティアを前提とするモデルの場合などでは，さらに 1 となるケースのパターンが増える．一方，non-radial ベースの SBM モデルなどでは，可変ウェイトに制約がかかるため，効率値が 1 となるケース自体が減る傾向にある．

場合の影響を検証するにあたって，十分なサンプル数が得られるケースを比較対象として確保する必要があったためである．

なお，ここでは10社の表記を，後に示す効率値の結果で3年分の平均値が高い順にA～J社とし，3か年分のDMUについては，A1，A2，A3のように表示する．

2.4.1.2　入力変数

ドイツでは，非効率な費用を除いてレベニューキャップを決定している．そのため，入力変数には総費用を用いている．具体的には，資本費と運転費の合計値を用いているが[24]，資本費については，簿価ベースと，設備の経年などを調整した調整済み資本費の2種類の計算方法を用意している．これに対し本稿では，わが国の配電事業者の効率値を厳密に計測することが目的ではないので，総費用のテストデータとして，営業費用を用いた[25]．具体的には，電力会社10社が料金改定する際に，原価算定用に提出した3か年分の配電事業関連の費用データ[26]である．ただし，会社によって料金改定の時期が異なっているため，得られるデータの時期もそれぞれ異なっている．しかし，あくまでテストデータであるので，期ずれのままで利用している．

なお，原価算定には3か年の合計値が用いられているが，効率性の計測に合計値を用いると，各年の特徴が相殺されてしまう．これに対し，各年のデータを別々のDMUとして扱うことは，より実態に即した結果が得られやすいというメリットもある．

さらに，ドイツと同様に，事業者の裁量では削減できない費用（管理不能費用）を事前に除く．本稿では，わが国の状況に鑑みて，表2.4（次ページ）のような仕分けを行った．

24　第3規制期間では，新規投資分の資本費は含めないように改訂されている．
25　営業費用のうち，減価償却費，固定資産除却費，固定資産税等を資本費として捉え，残りを運転費用として捉えていることになる．
26　電力10社の託送供給等約款認可申請補正書のデータを利用．7部門整理表を基に，一般管理費の配分後の，配電部門に関する費用を用いている．

表 2.4　管理不能費用の仕分け

費目	管理可能	管理不能	費目	管理可能	管理不能	費目	管理可能	管理不能
役員給与	○		賃借料	○		共有設備費等分担額	○	
給料手当	○		託送料	○		共有設備費等分担額(貸方)	○	
給料手当振替額	○		事業者間精算費		○			
退職給与金	○		委託費	○		建設分担関連振替額(貸方)	○	
厚生費	○		損害保険料	○				
委託検針費	○		普及開発関係費	○		附帯事業営業費用分担関連費振替額(貸方)	○	
委託集金費	○		養成費	○				
雑給	○		研究費	○		開発費	○	
燃料費		○	諸費	○		開発費償却	○	
廃棄物処理費		○	貸倒損		○	株式交付費		○
消耗品費	○		固定資産税	○		株式交付費償却		○
修繕費	○		雑税		○	社債発行費		○
水利使用料		○	減価償却費	○		社債発行費償却		○
補償費	○		固定資産除却費	○		法人税等		○

2.4.1.3　出力変数

　効率性分析においては，DMU の数に対して利用する変数が多すぎると，問題が生じる．ドイツでは 11 種類のデータを扱っていたが，わが国の場合，上記のように 30 DMU であったとしても，変数の数を減らす必要がある．そこで本稿では，データの入手可能性も考慮して下記の出力変数を利用する．

> 架空線延長(配電線の架空線延長)
> 地中線延長(配電線の地中線延長)
> 変圧器容量(架空と地中の変圧器総容量の合計)
> 需要家数(家庭用需要家軒数)
> 再エネ容量(FIT 電源の導入容量)

　なお，入力変数(費用)については，会社によって期ずれが生じていると述べたが，これにかかわらず，出力変数については，2013～2015 年度[27]のデータを一

27　本計算を行った 2017 年当時の，最新のデータセットである．

律に利用する.

2.4.1.4 データの相関

　各データの相関係数を，表 2.5 に示す．入力変数である費用と各出力変数について，相関が高い傾向が見られ，再エネ容量以外は 0.9 以上となっている．特に，費用と需要家数の相関が高めである．一般に，相関が高い変数を同時に利用することは，効率値計測においては望ましくないとされるため，実際の計測では，すべての変数を用いるのではなく，変数を選びながら計測を行う必要がある[28].

表 2.5　相関係数（注：色つきセルは 0.9 以上，太字のセルは 0.98 以上）

	入力変数	出力変数				
	総費用	架空線延長	地中線延長	変圧器容量	需要家数	再エネ容量
総費用	1					
架空線延長	0.9417	1				
地中線延長	0.9615	0.8478	1			
変圧器容量	0.9547	0.8883	0.8833	1		
需要家数	**0.9873**	0.9061	0.9791	0.9461	1	
再エネ容量	0.8238	0.8941	0.7148	0.8398	0.8043	1

　図 2.13（次ページ）は，各 2 変数に関する，30 DMU の散布図を示している．水準を合わせるため，それぞれの変数について平均値で除して基準化した値を利用している．表 2.5 で確認した相関係数が高いほど散らばりが小さく，原点から右上に伸びる直線（図中の実線）の近くに散在することになる．再エネ容量については散らばりが大きいものの，それ以外については概ね相関が高いことが，これらの図からも確認できる．

　さらに，散布図の包絡線（図中の点線）が直線に近い要素が多くあれば，CRS フロンティアの形状に近くなり，最も基本的な DEA モデルである CCR モデルなど，CRS フロンティアを前提とするモデルの適用が可能と考えられる．図 2.13 では，費用が大きくなるほど，多少内側に折れ曲がる要素はあるものの，

28　文献[19]では，5 つの出力変数をそれぞれ 1 つ抜いた場合，どのように効率値が変化するかについても検証している．

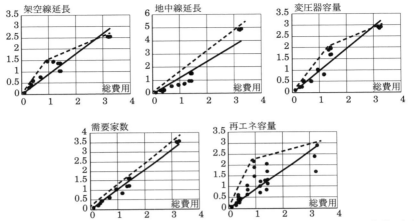

図 2.13　入力・出力変数の散布図(平均値で基準化. 実線は分布の平均的な線, 点線は包絡線.)

それでも, 再エネを除けば概ね直線に近いと考えられるので, CRS フロンティアの適用も視野に入るだろう.

ドイツで採用されていた NDRS モデルでは, 小規模な DMU を中心に, CCR モデルよりも効率値が全般的に高めに計測される. また, モデルの構造上, 投入量が最も小さい DMU (複数ある場合は, その中で最も産出量が大きい DMU)については, 必ず効率値が 1 になってしまう. これは, NDRS モデルの限界といえる. わが国のデータのように, 多くの要素において包絡線が CRS フロンティアに近い形状であれば, CRS モデルを適用することで, このようなモデルの欠点を回避することは可能である[29]. なお, 2.4.2 節では, 比較のために, CCR モデルの結果と合わせ, ドイツと同様の NDRS モデルの結果も示していく.

また, 図 2.13 より, 規模の違いはあれど, 極端なはずれ値がない(実線から大きく乖離している点がない)ことも, わが国のデータの特徴として挙げることができる. ドイツをはじめ, 欧州におけるインセンティブ規制では, 効率値

29　図 2.13 の包絡線をみると, わが国の場合は, 小規模な DMU 近辺でフロンティアが内側に折れ曲がる NDRS モデルよりも, 大規模な DMU 近辺で内側に折れ曲がる NIRS (Non-Increasing Returns to Scale)モデルの方が適しているようにも思われる. ただし, NIRS モデルにおいても, 産出量の最も大きな DMU は必ず 1 となるという問題に直面することになる.

計測を行う前段階として，データの精査を特に慎重に行っている．実際，ドイツでは，図 2.10 や表 2.3 に見たように，データに大きなはずれ値を含んでおり，最終的な効率値を算出する前にその処理を行っている．

　DEA の場合，データのはずれ値は計測結果に大きな影響を与える．特に，効率値が高い方にはずれ値があると，そのはずれ値がフロンティアを構築してしまうため，それ以外の DMU の効率値を下げてしまうことになる．このため，はずれ値の処理は必須である．しかし，わが国のデータを見る限り，このような事前の処理は必要ないと思われる．本分析においても，はずれ値を除く分析等は省略する．

2. 4. 1. 5　要素生産性

　各出力変数を入力変数で除した指標を「要素生産性」と呼ぶ．入力変数と出力変数の，一対一の関係性のみ表した指標であり，一方，DEA で計測される効率値は，複数の要素を考慮したものと言える．

　表 2.6（次ページ）では，本稿で用いる 5 つの変数について，各 DMU の要素生産性を記している．ともに，平均値で基準化した値を示しているので，他の DMU と比較して平均的な要素生産性の場合は 1 近辺の値をとっている．1 単位の費用に対する配電サービス量を示す値であり，他の DMU と比較してこの値が大きいほど，そのサービスの提供単体では，要素効率が高いと評価される．要素生産性の傾向は，効率値の傾向と必ずしも一致しない場合もあるが，全要素的な効率値への各要素の寄与を評価する上で参考になる指標である．

　また，データにはずれ値などが存在する場合は，この要素生産性を確認することで，ある程度事前にはずれ値を把握することが可能となる．データを収集して，いきなり DEA の計測に入るのではなく，このような指標を計算しつつ，事前のデータチェックをすることは，DEA の結果の精度をあげるためにも，結果を理解する上でも，とても重要なプロセスである．

2. 4. 2……計測結果

　前節で精査した下記のデータを用いて CCR モデルと NDRS モデルで効率値を計算し，その結果を検証する．

　　　入力変数：総費用
　　　出力変数：架空線延長，地中線延長，変圧器容量，需要家数，再エネ容量

表 2.6　要素生産性（色つきセルは 1 以上，太字のセルは 1.2 以上）

	架空線延長	地中線延長	変圧器容量	需要家数	再エネ容量
A1	0.732	1.072	1.199	1.157	0.608
A2	0.717	1.055	1.176	1.134	0.787
A3	0.717	1.061	1.180	1.139	0.913
B1	0.786	**1.486**	0.887	1.087	0.523
B2	0.798	**1.518**	0.910	1.111	0.756
B3	0.779	**1.491**	0.894	1.090	0.883
C1	**1.515**	0.676	1.024	1.085	**1.554**
C2	**1.530**	0.683	1.061	1.100	**2.000**
C3	**1.545**	0.702	1.090	1.114	**2.308**
D1	1.016	0.697	**1.411**	0.894	0.950
D2	0.960	0.664	**1.369**	0.852	1.197
D3	0.970	0.673	**1.419**	0.867	**1.460**
E1	0.813	0.743	1.084	1.083	0.729
E2	0.831	0.778	1.133	1.124	0.884
E3	0.828	0.781	1.157	1.133	0.985
F1	**1.506**	0.649	**1.265**	1.128	0.682
F2	**1.417**	0.621	**1.212**	1.063	0.931
F3	**1.400**	0.623	**1.212**	1.052	1.057
G1	1.090	0.872	0.905	0.792	0.608
G2	1.082	0.884	0.915	0.792	0.777
G3	1.068	0.880	0.915	0.787	0.913
H1	1.117	0.802	0.726	0.898	0.933
H2	1.104	0.804	0.730	0.894	1.226
H3	1.131	0.828	0.762	0.920	**1.545**
I1	1.181	0.511	0.732	0.930	1.165
I2	1.173	0.508	0.742	0.926	**1.523**
I3	1.184	0.515	0.760	0.936	**1.775**
J1	**1.235**	0.618	0.688	0.722	0.619
J2	**1.234**	0.627	0.694	0.724	0.871
J3	**1.234**	0.635	0.701	0.725	1.051

2.4.2.1 効率値

表 2.7 は，30 DMU の効率値の結果を示している．表の下部に記している，効率値が 1 となる DMU の数を示す「最適数」は，CCR では 8 であり，NDRS よりも少ないことがわかる．また，1−(最適数/全 DMU 数) で計算される非効率の判別率は 73% で，NDRS の 67% よりも高い値となっている．一般に，CCR モデルの方が，判別率は高くなる．両モデルの結果に差が生じているのは，図 2.9 で解説したとおり，規模の小さい事業者である．

表 2.7　効率値

		NDRS	CCR
A	1	1.	1.
	2	0.9906	0.9906
	3	1.	1.
B	1	0.9812	0.9812
	2	1.	1.
	3	1.	1.
C	1	0.9803	0.9801
	2	0.9899	0.9898
	3	1.	1.
D	1	1.	1.
	2	0.9687	0.9687
	3	1.	1.
E	1	0.9842	0.9415
	2	1.	0.9783
	3	1.	0.988
平均値		0.9464	0.9292

		NDRS	CCR
F	1	1.	1.
	2	0.9719	0.9663
	3	0.9774	0.9691
G	1	0.9533	0.8677
	2	0.9541	0.871
	3	0.9452	0.8646
H	1	0.8671	0.8462
	2	0.863	0.841
	3	0.887	0.8634
I	1	0.8487	0.8262
	2	0.8546	0.8255
	3	0.8942	0.8365
J	1	0.8235	0.8228
	2	0.8272	0.8266
	3	0.8305	0.8299
最適数		10	8
判別率		67%	73%

2.4.2.2 要素間ウェイト

次に，CCR モデルにおける要素間ウェイトをみてみよう．すでに第 1 章でも述べたとおり，DEA では，評価対象の効率値が最も高くなるように，都合のよい要素に高いウェイトが設定される(可変ウェイト)．なお，ここで注意したいのが，ウェイトは各要素の規模を調整する役割もあることである．つまり，計算されるウェイトのままでは，DMU 間比較はできない．そこで，表 2.8 で

表 2.8　要素間ウェイト（CCR モデル）

| | 効率値 | 要素間ウェイト（補正済み） | | | | |
		架空線延長	地中線延長	変圧器容量	需要家数	再エネ容量
A1	1.	0%	0%	0%	100%	0%
A2	0.9906	8.16%	26.61%	42.75%	17.41%	5.07%
A3	1.	0%	29.96%	42.76%	16.53%	10.76%
B1	0.9812	52.22%	47.78%	0%	0%	0%
B2	1.	2.26%	39.10%	44.30%	0%	14.34%
B3	1.	0%	64.36%	0%	0%	35.64%
C1	0.9801	100%	0%	0%	0%	0%
C2	0.9898	100%	0%	0%	0%	0%
C3	1.	0%	0%	0%	0%	100%
D1	1.	18.30%	33.39%	45.84%	0%	2.47%
D2	0.9687	18.30%	33.39%	45.84%	0%	2.47%
D3	1.	0%	39.72%	44.39%	0%	15.89%
E1	0.9415	3.52%	0%	0%	95.79%	0.69%
E2	0.9783	0%	0%	0%	97.58%	2.42%
E3	0.988	0%	0%	0%	97.58%	2.42%
F1	1.	81.50%	0%	18.50%	0%	0%
F2	0.9663	28.10%	0%	65.54%	0%	6.36%
F3	0.9691	28.10%	0%	65.54%	0%	6.36%
G1	0.8677	38.85%	40.17%	20.98%	0%	0%
G2	0.871	38.85%	40.17%	20.98%	0%	0%
G3	0.8646	38.85%	40.17%	20.98%	0%	0%
H1	0.8462	52.22%	47.78%	0%	0%	0%
H2	0.841	52.22%	47.78%	0%	0%	0%
H3	0.8634	52.22%	47.78%	0%	0%	0%
I1	0.8262	3.52%	0%	0%	95.79%	0.69%
I2	0.8255	3.52%	0%	0%	95.79%	0.69%
I3	0.8365	0%	0%	0%	97.58%	2.42%
J1	0.8228	52.22%	47.78%	0%	0%	0%
J2	0.8266	52.22%	47.78%	0%	0%	0%
J3	0.8299	52.22%	47.78%	0%	0%	0%
平均ウェイト		35.24%	23.41%	12.85%	27.16%	1.35%
該当 DMU 数		19(22)	12(17)	7(12)	7(9)	10(16)

は，各 DMU について，5つのウェイトの合計値が1になるように補正した値となっている．これにより，効率値に対してどの要素の貢献度が高いかという点において，おおよその DMU 間比較は可能となる．

また，効率値が1の場合，これらのウェイトはユニークに決まらない．ほかの値を取ることもあるため，信頼性に乏しい．そこで，表2.8の下段には，各変数について，効率値が1未満であり，ウェイトがユニークに決まっている DMU の補正済みウェイトの平均値と，その DMU の数を示している．該当 DMU 数欄の( )内の数値は，効率値が1で，ウェイトがユニークに決まっていない可能性のある DMU の数も含んだ数値である．

このような要素間ウェイトを見ることで，非効率な DMU を中心に，効率値への各要素の貢献度を把握することができる．平均ウェイトをみると，架空線延長，地中線延長，需要家数に対するウェイトが高いことが分かる．再エネ容量については，10個の DMU がユニークにウェイトを付けているが，全般的に平均ウェイトは小さい．

また，この要素間ウェイトを見ることで，DEA の特徴である，各 DMU にとって最も都合のよい要素を中心に評価している，という点も明確に理解できる．つまり，要素生産性が低い場合はウェイトをゼロにしてまったく考慮していないのである[30]．この点は，良い面を積極的に評価するということでもあり，対外的には高い評価を欲する事業者の心理にはかなうだろう．一方で，非効率が大きい要素を考慮していないということは，実務面で考えると，効率化余地を見逃すことになりかねない．このように，DEA の効率値は特徴的であればこそ，その特徴をよく理解して適材適所で使うべきと言えよう．

2.4.2.3 効率値が1になる場合の検証

2.4節の最初で述べたように，CRS ベースのモデルにおいて，効率値が1になるのは，2つのパターンがある．それぞれについて，確認していこう．

① ある1つの要素生産性が，すべての DMU の中で最も高い場合．

図2.14（次ページ）は，2つの要素生産性の散布図を示している．例えば図2.

30　ウェイトがゼロになることを避けるため，領域限定法（Assurance region）などのモデルも開発されている．文献[9]，[4]を参照．

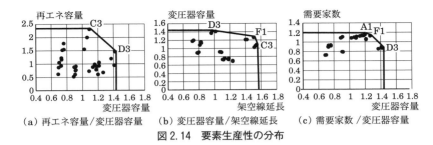

図 2.14　要素生産性の分布

14(a)は，総費用 1 単位あたりの，変圧器容量と再エネ容量の組み合わせについ
ての散布図である．ちょうど，包絡線を引いた部分が，DEA のフロンティア
の一部と考えることができる．この図では，C3 と D3 がフロンティア上にある
ことがわかる．表 2.8 の結果をみると，たしかに，両 DMU とも効率値は 1 と
なっている．C3 では，他の DMU と比較して再エネ容量の要素生産性がきわ
めて高いことがわかる．一方，D3 では，変圧器容量の要素生産性が，他と比較
して最も高い．このように，他の DMU と比較して要素生産性が最も高い要素
をただ 1 つでも持っていれば，例えば，その要素のウェイトを 1 にし，ほかを 0
にすることで，効率値を 1 にすることができるのである．

　実際に，要素間ウェイトを見ると，C3 では再エネ容量が 100% となっている．
一般には，先述の通り，効率値が 1 だとウェイトはユニークに決まらない．例
えば，この C3 の場合も，100% ではなく，95% であっても，効率値は 1 になる
可能性があるのだ．ただ，当該要素のウェイトが高いこと自体は，数値がユニ
ークに決まっていなくても把握できる．一方 D3 は，3 つの要素に対してウェ
イトが計上されている．つまり，ほかのウェイトの組合せでも，効率値が 1 に
なり得ることを示している．C3 の場合と同様に，変圧器容量 100% でも，同じ
効率値が得られたであろう．

②　複数の要素生産性が，バランスよく高い場合．

　複数の要素生産性が，他の DMU と比較して最も高いわけではなくとも，バ
ランスよく高ければ，効率値は 1 となりうる．

　図 2.14(b)は架空線延長と変圧器容量と要素生産性の散布図である．F1 は，
架空線延長では C3 に劣っており，変圧器容量では D3 に劣っている．それで
も，C3 より変圧器容量では上回り，D3 より架空線延長では上回り，結果的に

要素生産性が「バランス良く高い」ため，フロンティアを構成し，効率値が1となっているのである．また，需要家数で最も要素生産性の高いA1と，変圧器容量で最も要素生産性の高いD3の間でも，F1は「バランス良く高く」なっている（図2.14(c)）．

　①・②の2つのパターンに基づいて考えると，効率値が1になるには，他のDMUより要素生産性がより高いことが重要であることがわかる．②のパターンのようなDMUは必ず存在するわけではないが，①のパターンのDMUは必ず存在する[31]．基本的には，入力変数と出力変数の組み合わせの数だけ，効率値が1となるDMUが存在することになる[32]．すなわち，「入力変数の数×出力変数の数」が大きくなるほど，効率的と判別されるDMUが増えていきやすいということになる．

　ドイツでは，入力変数については，運営費と資本費を別々の入力変数として扱うことができたにも関わらず，合計して1変数とし，一方で出力変数の数を多く設定している．入力変数を1つにしぼっていることは，結果的に，判別率を高くする効果があるといえよう．サンプル数が限られるわが国でDEAを適用する場合，ドイツ以上に，このような工夫は必要と考えられる．

　また，変数の数を減らすことで，判別率を高めることも可能であることがわかる．サンプル数が少ない分，厳選したデータを利用する必要があるが，データ選択に際しては，要素間ウェイトなどが参考になるだろう．多くのDMUがウェイトを置いていない変数は，不採用の候補になりうる．一般に，費用に大きな影響を与えておらず，単に他社よりも要素生産性が高いだけ，という変数は除いた方がよいであろう．一方で，費用に有意に影響を与えているような重要な変数の場合は，ウェイトが小さくとも，それを除くのは望ましくない場合もあり，慎重に検討する必要がある．

2.4.2.4　サンプル数の検証

　DEAのみならず，データを用いた分析においては，概ねサンプル数が多い

31　なお，non-radialベースのSBMモデルなどでは，可変ウェイトに制約がかかるため，要素生産性がDMUの中で最も高くても，効率値が1にならないケースも生じうる．

32　1つのDMUが，複数の要素生産性で最も高い値を取っている場合もあるので，効率的なDMUの数が，「入力変数の数×出力変数の数」より下回る場合もありうる．

方が計測上好ましいと言われる．それでは，サンプル数が少ない場合，DEA の効率値にはどのような影響が生じるのであろうか．

表 2.9 は，3 年目のデータのみ利用し，DMU の数を 30 から 10 に減らして計算した結果を示している．30 DMU の場合の 3 年目の結果（最右列）と比較すると，F が新たに効率的と評価されるようになっている．これは，除いた 20 の DMU の中に，フロンティアに乗っていた DMU が 4 つ含まれていたことに起因する．これらが除かれた代わりに，F が新たなフロンティアを構築する DMU となったのである．

表 2.9　DMU 数を変化させた場合の効率値

CCR	10 DMU	30 DMU		
		1	2	3
A	1.	1.	0.9906	1.
B	1.	0.9812	1.	1.
C	1.	0.9801	0.9898	1.
D	1.	1.	0.9687	1.
E	0.9795	0.9415	0.9783	0.988
F	1.	1.	0.9663	0.9691
G	0.885	0.8677	0.871	0.8646
H	0.8615	0.8462	0.841	0.8634
I	0.8411	0.8262	0.8255	0.8365
J	0.8376	0.8228	0.8266	0.8299

平均値	0.9405	0.9292		
最適数	5	8		
判別率	50.0%	73.3%		

このように，効率的な（もしくは要素生産性の高い）DMU を抜き差ししてサンプル数を変化させると，フロンティアの形状が変化するので，どうしても他の DMU の結果にも影響を与えることになる．しかし，一方で，非効率な DMU を抜き差しする場合は，フロンティアの形状に変化はなく，最適な DMU の数に変化も生じない．つまり，サンプル数が減ったからといって，必ずしも効率的な DMU（最適数）が増えるわけではないのである．最適数はむしろ，2. 4.2.3 節で述べたように，入力変数と出力変数の組み合わせの数に強く依存し

ており，この場合は，入力変数が 1 つで出力変数が 5 つなので，5 つの DMU が効率的であるのは，さほど驚くべきことではない．

　一方で，DMU の数を減らすと，判別率 ＝ 1 －（最適数／全 DMU 数）の第 2 項の分母が小さくなることになる．つまり，最適数が変化しない場合でも，判別率は低くなるのである．表 2.9 でも，30 DMU のケースと比較すると，10 DMU のケースでは 73.3 ％ から 50 ％ にまで落ちている．

　サンプル数が少ないと効率値が 1 ばかりになる，という声をよく聞くし，それは実感にあっている．たしかに，サンプル数が少ないと判別率が下がり，効率値 ＝ 1 の割合が多く見える．しかし，あくまで割合が多く見えるだけであり，サンプル数が少ないことによって，最適数が増えるとは言い切れない．逆に，サンプル数を増やせば判別率は上がりやすくなるが，最適数が減るわけではない．むしろ，要素生産性が高めの DMU ばかりを追加して，②のパターンの最適な DMU の数が増えれば，判別率は低くなる可能性すらある．つまり，サンプル数が少ないことの単独の問題というよりは，入力変数と出力変数の組合せ数とのバランスが重要であると指摘できる．

　効率性分析の有用性の観点からは，判別率が低いのは，やはり問題である．サンプル数が少ない場合であれば，それに合わせた，入力変数や出力変数の数の設定が重要となるであろう．「入力変数の数×出力変数の数」だけ，効率値 ＝ 1 の DMU が出現するのは，ある程度覚悟する必要がある．これに対して，判別率をどの程度に設定したいかで，本稿で試みたように，数期分のデータをプールして利用するなど，サンプル数を調整する方法もあるだろう．

2.5 ◆ まとめ

　本章では，電気事業への DEA の適用事例について述べてきた．まず，筆者自らの問題意識とともに，モデルの開発と適用事例を挙げ，その後，近年話題となっている配電事業のインセンティブ規制への適用について，ドイツの事例と，わが国での適用可能性について述べた．同時に，実際に DEA を用いて分析する場合に有用となる，データの精査方法や，データに合わせた DEA モデルの選択例，結果を読み解く上で役に立つ，要素生産性や要素間ウェイトなどの効率値以外の計測結果の利用方法を示した．さらに，効率値が 1 になるパターンの確認や，サンプル数と効率値の関係など，DEA の特徴について計算例

を見ながら検証した.

　DEA は, 汎用性の高い手法である. しかし, DEA を含め, あらゆる分析手法にはそれぞれ特徴があり, メリット・デメリットがある. つまり, 適用する分析対象に対して, 得手・不得手があるのだ. その特徴や限界を理解した上で, 適切な手法を採用することは, より説得力のある研究に繋がる.

　初学者であれば, DEA を学んだし, データがあるから, とりあえず分析してみよう, ということは大いに喜ばしいことである. ぜひ, 積極的にトライしていただきたいと切に思う. 一方で, 何らかの問題意識があって課題に取り組む際には, やはり, 課題に適した分析手法を採用することが望ましい. 分析手法やモデルありきで課題にとりくむ事例もみかけるが, やはりそのような分析には限界がある. なんでもかんでも DEA を採用すればいい, というわけではない.

　また, 取り組むべき課題に対して, 通常の DEA では対応できないと限界を感じた場合, 上記のようにほかの適切な分析手法を模索するという道もあるが, 一方で, 新たな DEA モデルの開発を試みるという道もある. 通常のモデルではこういう問題があるから, ここを工夫して, 現在の課題に対応可能な DEA モデルを作ってみよう, というパターンである. これまでも, このような動機の下で, さまざまな DEA の応用モデルが生まれてきた.

　問題意識をもって課題に取り組むことは, DEA の効果的な活用を促すのみならず, このような新たな DEA の発展の道にも繋がる. 今後も, 多くの人の手によって, DEA が目的を達成する手段として有効に活用され, かつ, 新たな課題に対応すべく進化を遂げることを期待してやまない.

参考文献

[1]　Agrell, P.J. and Niknazar, P. (2014) "Structural and behavioral robustness in applied best-practice regulation" *Socio-Economic Planning Sciences* 48, 89-103.

[2]　Bogetoft, P. and Otto, L. (2011) *Benchmarking with DEA, SFA, and R*, Springer.

[3]　Charnes, A., Cooper, W.W., and Rhodes, E. (1978) "Measuring the Efficiency of Decision Making Units" *European Journal of Operations Research*, 2, 429-444.

[4]　Cooper, W.W., Seiford, L.M., and Tone, K. (2007) *Data Envelopment Analysis: A Comprehensive Text with Models, Applications, References and DEA-Solver Software*, Springer.

[5]　Halkos, G. and Petrou, K.N. (2019) "Treating undesirable outputs in DEA: A critical

review" *Economic Analysis and Policy*, 62, 97-104.

[6] Kumbhakar, S.C. and Lovell, C.A.K. (2000) *Stochastic Frontier Analysis*, Cambridge University Press.

[7] Sueyoshi, T., Yuan, Y., and Goto, M. (2017) "A literature study for DEA applied to energy and environment" *Energy Economics*, 62, 104-124.

[8] Swiss Economics and SUMICSID (2014) "Effizienzvergleich für Verteilernetzbetreiber Strom 2013" 2014. 2.

[9] Thompson, R.G., Singleton, F.D., Thrall, R.M., Smith, B.A. and Wilson, M. (1986) "Comparative Site Evaluations for Locating a High-Energy Physics Lab in Texas" *Interfaces*, 16(6), 35-49.

[10] Tone, K. and Tsutsui, M. (2007) "Decomposition of cost efficiency and its application to Japanese-US electric utility comparisons" *Socio-Economic Planning Sciences*, 41(2), 91-106.

[11] Tone, K. and Tsutsui, M. (2009) "Network DEA: A slacks-based measure approach", *European Journal of Operational Research*, 197, 243-252.

[12] Tone, K. and Tsutsui, M. (2010) "Dynamic DEA: A slacks-based measure approach" *OMEGA*, 38(3-4), 115-238.

[13] Tone, K. and Tsutsui, M. (2011) "An Efficiency Measure of Goods and Bads in DEA and its Application to US Electric Utilities" *Journal of CENTRUM Cathedra*, 4(2), 236-249.

[14] Tone, K. and Tsutsui, M. (2014) "Dynamic DEA with network structure: A slacks-based measure approach" *OMEGA*, 42(1), 124-131.

[15] 後藤美香・筒井美樹(1998)「日米電気事業の生産性総合評価技術効率性及びコスト効率性」電力中央研究所研究報告書 Y97014.

[16] 澤部まどか・筒井美樹(2017)「インセンティブ規制における配電事業者の効率性評価 —— 英国の事例から得られるわが国への示唆」電力中央研究所研究報告書 Y17003.

[17] 筒井美樹(2000)「マルムキスト指標を用いた日米電気事業の部門別効率性比較 —— DEA 手法による計測」電力中央研究所研究報告書 Y99013.

[18] 筒井美樹・刀根薫(2008)「環境要因を補正した日米電気事業者の効率性比較」『社会経済研究』No. 56, 113-130.

[19] 筒井美樹(2017)「託送料金のインセンティブ規制に用いられる効率性評価手法 DEA のわが国への適用可能性の検討」電力中央研究所研究資料 Y17506.

第 3 章

保健医療政策における DEAの活用

丸山幸宏
長崎大学経済学部

濱口由子
結核予防会結核研究所臨床・疫学部

3.1 ◆ はじめに
．．．．．．．．．．．．．．．．．．．．．

　公衆衛生において，保健医療サービスの「質」あるいは「効果」の保証は重要な前提条件である．それらの水準を維持しながら「効率性」を上げることは大きな課題とされてきた．医療サービス提供の場における「効率性」と「質」の間の関係性については，病院における経営効率性分析の結果から，トレードオフの関係が示唆されている[文献1,2,3]．一方，非営利活動である公衆衛生対策の効率性評価で考慮されるべきは，利益効率性ではない．言うまでもなく，アウトカムは一般的な財務情報に代表される金銭的価値よりは，健康改善に高いウェイトを置く．特に，健康指標などの疫学指標に加え，技術力，保健医療サービスへのアクセスや QALY（Quality-adjusted Life Years，質調整生存年）といった保健衛生の水準を示す質的要素は，公衆衛生対策を評価する上できわめて重要である．また，公衆衛生対策の特徴でもある事業展開の「地域特性」を考慮する必要がある．さらに，公衆衛生対策において効率性の向上，すなわち限られた財源で最大の成果（健康レベルの改善）を上げるためには，財源のコントロールではなく，サービスを提供するプロセスにおけるコスト管理，技術や生産性あるいは質の向上にプライオリティが置かれる．とりわけ政策のインパクト（効果）は重要視される．つまり，保健医療政策の効率性評価における投入・産出の項目を構成しているのは，それを実施する事業体の持つ特性や効果そのものを示す質的要素である．したがって，それぞれのプログラムのパフォーマンス評価を行うには，事業体の特徴を反映する複数の要素を取り扱うことが不可欠である．

　公衆衛生におけるプログラム評価については，CEA（Cost Effectiveness Analysis，費用対効果分析）や ICER（Incremental Cost-effectiveness Ratio，増分費用対効果比）による質的な変数を扱う手法が知られている．これらは1つの資源投入に対して1つの成果，つまり単位あたりのサービスにおけるコストを比較するものである．したがって，公衆衛生政策の中核とも言える地域基盤型の事業が持つ多様性を踏まえた評価を行うには限界がある．

　近年では，オペレーションズ・リサーチ分野において DEA（Data Envelopment Analysis，包絡分析法）が注目され，医療機関を対象とした経営効率性分析に導入されるようになって久しい．DEA は，複数の変数を入力（投入資源）と出力（生産物）として定式化することが可能であり，いくつかの事業体

(Decision Making Unit；DMU)を相対的に評価することができる．Nunamaker
と Lewin[文献4]らによって，1983 年に DEA が医療経営の評価に初めて用いられ
てから，医療経営についての評価は盛んに行われている．公衆衛生政策の事業
評価への応用についても発展性が期待できる．本章では，公衆衛生の課題の中
でも歴史の長い感染症に対する政策を中心に，DEA によるパフォーマンス評
価のポテンシャルについて述べる．

3.2 ◆ 公衆衛生への DEA の応用

3.2.1……保健医療政策における入出力変数

　DEA は，線形計画法を用いて複数の尺度を 1 つにまとめるモデルである．
入力はコストや人的資源などが挙げられ，一般的には最小化が望ましい要素で
ある．一方，出力に挙げられるのは，利益や生産物などの成果として最大化し
たい要素である．

　公衆衛生では，入力変数に用いる財源の事業内訳が対策項目に対応すること
があり，主要な対策であれば，質の良いデータが揃う．財務情報が入手できな
い場合も多く，その場合は，医師や保健師などの専門職の人数や保健所数など
衛生基盤を評価する指標を用いることもできる．公衆衛生活動は非営利である
ため，財政的な指標が必ずしもマッチしない場合がある．その場合は，コスト
相当の指標を準備する．結核対策における患者管理の有効性を考慮したいので
あれば，治療失敗や多剤耐性結核の割合などが例として挙げられる．これらは
ネガティブな指標であり，数値が上がれば上がるほど，公衆衛生上の負担とな
り，支払うべきコストの上乗せに結びつく．なお，変数の扱いに関しては注意
が必要である．感染症においては感染者と感受性者(感染する可能性のある人)
の数や密集度が流行状況に大きな影響を与えるし，都市部や過疎地などの人口
規模は財政基盤に格差をもたらすため，投入する資源の比較可能性に問題が出
てくるおそれがあるからである．入出力変数として用いる場合は，人口あるい
は目的とする疾病や感染症の罹患数などを用いて調整しておくことも 1 つの方
法である(3.2.3 節参照)．ここでは実際に，都道府県の健康指標を用いて，2013
年の国内結核対策をベンチマーキングしていく．

3. 2. 2……**日本の結核対策の現状**

　世界保健機関(以下WHO)によると，2013年の結核の新規罹患数は900万人であり，そのうち150万人が死亡している(死亡者の95%以上は低中所得国からである)[文献5]．これは単独の病原体としてはHIVに次ぐ死因である．かつて日本では，明治以降の産業革命による人口集中に伴い，結核が国内に蔓延し，「国民病」と呼ばれた時代がある．昭和26年に「結核予防法」が制定されて以来，1970年代まで順調に減少してきた日本の結核罹患率は，80年代に入って減少率の鈍化を示し，さらに逆転増加傾向を示したことから，厚生省(当時)は1999年，「結核緊急事態宣言」を発した．2000年の時点で，新規結核患者の罹患率は人口10万対31.0であった(うち結核死亡者は2.1)．2014年の日本の結核罹患率は15.4，2021年は9.2となっており，中蔓延から低蔓延へと減少傾向にあるが，欧米諸国(米国2.8，ドイツ5.1，豪州5.4)に比較して依然として高い．近年では，社会情勢や交通手段の変化に伴い，多剤耐性結核やエイズの蔓延に伴う合併症の増加が危惧されており，「再興感染症」として結核が再び注目されている．

3. 2. 3……**CCR/BCCモデルを用いた結核対策のベンチマーキング**

　結核の流行抑制では，幼少期のワクチン接種による「予防」に加えて，患者の「早期発見」と「治療成績の向上」が主な目標となる．財政指標と合わせて，それらの指標を出力変数としてパフォーマンス評価に用いると良い．また，結核対策の財源は，「結核対策費」に集約されているので，入力変数として適している．なお，都道府県には，人口規模や経済力などの異質性があるため，変数を人口で除す等の調整を加える配慮が必要である．

　それでは，入力変数を「1人あたり結核対策費」，出力変数を喀痰塗抹陽性結核患者の初回治療の「治療成功率(%)」とした1入力1出力の設定で，2013年の47都道府県の結核対策のパフォーマンスをベンチマーキングしてみる(喀痰塗抹陽性結核とは，患者が咳をしたときの喀痰中に結核菌が検出されたものを指し，一般的には感染性を有することが多い)．収穫一定CCRと収穫可変BCCモデル，出力指向とした場合のそれぞれのDEA効率値を算出し，表3.1および図3.1(次ページ)にそれぞれ入出力変数のデータおよびプロットを示す．

　CCRおよびBCCのフロンティアをそれぞれ破線，実線で示す．CCRフロンティアでは兵庫，BCCフロンティアでは兵庫・長野・和歌山・岩手の4自治体

表 3.1　結核対策の入出力変数のデータ

都道府県	(I)結核対策費(1 人あたり)	(O)治療成功率(塗抹陽性)
北海道	61364.4	42.4
青森県	108114.6	41.4
岩手県	161524.7	60.0
宮城県	337011.5	51.2
秋田県	184402.8	31.1
山形県	69089.4	33.3
福島県	177328.0	48.9
茨城県	53241.6	54.6
栃木県	84880.5	56.6

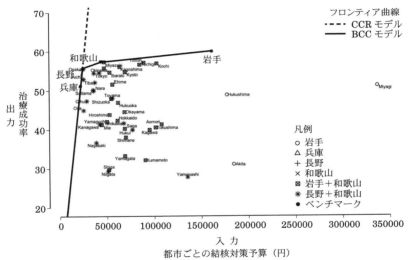

図 3.1　結核対策の入出力変数プロット

がベンチマークされた．非効率 DMU として他の自治体が参照している DMU の特徴で分けると，主に長野・和歌山(16 自治体)および岩手・和歌山(24 自治体)および岩手のみ(3 自治体)の 3 つにグルーピングすることができる．つまり，この入出力の組み合わせにおける結核対策の活動実態が，大きく 3 つの特徴に分けられると捉えることもできる．

　しかしながら，実際には，出力変数の「治療成功率(%)」とともに，結核予防法により事業所・学校・施設・市町村に義務付けられている「結核健診受診

数」の向上も自治体にとって重要なアウトカムになっているので，政策立案者であれば，この両方の組み合わせに興味を持つことになる．そこで，出力変数に「結核健診受診者数」を新たなアウトカムとして加えた1入力2出力の変数を用いて，出力指向CCRで再評価すると，兵庫・愛知・東京がベストプラクティスということになる．このように，評価指標の側面が増えることで，より実践的に自治体の活動を評価することが可能になる．

3.3 ◆ マルムキスト指数を用いたパネル分析

保健医療政策の特徴として，アウトカムを観測するまでに，ある程度長期的な時間を必要とすることと，それに伴い，項目も1年ごとではなく，3年から5年の範囲で考慮される．特に結核などは，目標達成まで10年から数十年の単位を見積もる長期的な対策が特徴的である．DEA効率値の特徴として，ある年の評価は，効率性フロンティアを構成するDMUの振る舞いに依存する相対的なもので，個別のDMUにとって必ずしも絶対的なものではない．そのため，観測時点の違うDEA効率値を用いて同一のDMUの比較や時間的変化の測定には適さない．そこで，DEAモデルをベースにして算出できるマルムキスト指数を用い，全要素生産性としてDEA効率性の変化を評価することにする．ここでは，日本国内の麻疹対策を取り上げる．

3.3.1……マルムキスト指数

医療機関の実績については，長期間かけて観察することが必要不可欠である．マルムキスト指数により，ある時期から他の時期(2期間)にわたる医療組織の実績が比較可能となる．このような手法は，まず，Malmquist(1953)により提唱され，Caves等(1982)が生産性指標として発展させ，さらにFare等(1994)がDEAに基づくマルムキスト指数によるパフォーマンス尺度として開発された[1]．

ある病院の2期間にわたる業績変化の様子を図3.2(次ページ)に示す．マルムキスト指数は，2つの期間における病院の効率性向上(または悪化)の度合いと，フロンティアシフトの変化が与える影響を組み込むことによって，これら

1　文献[5]，p. 93.

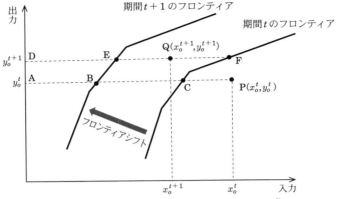

図3.2　フロンティアシフト(とキャッチアップ)

の生産性の変化を評価することができる．また，マルムキスト指数には，2つのそれぞれの期間における尺度と2つの期間をまたがった尺度が必要となるが，それぞれの期間における尺度は CCR（CRS）モデルを使用して求める．

　例えば，DMU$_o$の期間 t における技術効率性 $\theta_o^t(x_o^t, y_o^t)$ を計算する場合，問題 (3.1)〜(3.4)のように表すことができる．ただし，x_j^t は期間 t における j 番目の入力，y_j^t は期間 t における j 番目の出力を表す．

$$\text{目的関数}\quad \theta_o^t(x_o^t, y_o^t) = \min \theta_o \tag{3.1}$$

$$\text{制約式}\quad \sum_{j=1}^{n} \lambda_j x_j^t \leqq \theta_o x_o^t \tag{3.2}$$

$$\sum_{j=1}^{n} \lambda_j y_j^t \geqq y_o^t \tag{3.3}$$

$$\lambda_j \geqq 0, \quad j = 1, \cdots, n \tag{3.4}$$

図3.2では，点 $P(x_o^t, y_o^t)$ の期間 t のフロンティア[2]に対する効率値が $\theta_o^t(x_o^t, y_o^t)$ であり，$\theta_o^t(x_o^t, y_o^t) = AC/AP$ となっている．

　期間 $t+1$ における DMU$_o$ の技術効率性 $\theta_o^{t+1}(x_o^{t+1}, y_o^{t+1})$ は次の問題(3.5)〜(3.8)により求まる．

$$\text{目的関数}\quad \theta_o^{t+1}(x_o^{t+1}, y_o^{t+1}) = \min \theta_o \tag{3.5}$$

$$\text{制約式}\quad \sum_{j=1}^{n} \lambda_j x_j^{t+1} \leqq \theta_o x_o^{t+1} \tag{3.6}$$

2　ただし本図のフロンティアは，BCC モデルのものを表す．

$$\sum_{j=1}^{n} \lambda_j y_j^{t+1} \geqq y_o^{t+1} \qquad (3.7)$$

$$\lambda_j \geqq 0, \quad j = 1, \cdots, n \qquad (3.8)$$

図 3.2 においては，$Q(x_o^{t+1}, y_o^{t+1})$ の $t+1$ 期のフロンティアに対する効率値が $\theta_o^{t+1}(x_o^{t+1}, y_o^{t+1})$ であり，$\theta_o^{t+1}(x_o^{t+1}, y_o^{t+1}) = \mathrm{DE/DQ}$ である．

　期間をまたがる尺度の 1 つ目は，$\theta_o^{t}(x_o^{t+1}, y_o^{t+1})$ であり，期間 t におけるフロンティアに対して x_o^{t+1} を比べて効率値を出す．この尺度は，次の問題(3.9)〜(3.12)の最適値として求められる．

　　目的関数　$\theta_o^{t}(x_o^{t+1}, y_o^{t+1}) = \min \theta_o$ \qquad (3.9)

　　制約式　$\sum_{j=1}^{n} \lambda_j x_j^{t} \leqq \theta_o x_o^{t+1}$ \qquad (3.10)

$$\sum_{j=1}^{n} \lambda_j y_j^{t} \geqq y_o^{t+1} \qquad (3.11)$$

$$\lambda_j \geqq 0, \quad j = 1, \cdots, n \qquad (3.12)$$

図 3.2 では，点 $Q(x_o^{t+1}, y_o^{t+1})$ の t 期のフロンティアに対する効率値が $\theta_o^{t}(x_o^{t+1}, y_o^{t+1})$ であり，$\theta_o^{t}(x_o^{t+1}, y_o^{t+1}) = \mathrm{DF/DQ}$ である．

　同様に，期間をまたがるもう 1 つの尺度 $\theta_o^{t+1}(x_o^{t}, y_o^{t})$ は，期間 $t+1$ におけるフロンティアに対して x_o^{t} を比べ，その尺度は，次の問題(3.13)〜(3.16)の最適値として求められる．

　　目的関数　$\theta_o^{t+1}(x_o^{t}, y_o^{t}) = \min \theta_o$ \qquad (3.13)

　　制約式　$\sum_{j=1}^{n} \lambda_j x_j^{t+1} \leqq \theta_o x_o^{t}$ \qquad (3.14)

$$\sum_{j=1}^{n} \lambda_j y_j^{t+1} \geqq y_o^{t} \qquad (3.15)$$

$$\lambda_j \geqq 0, \quad j = 1, \cdots, n \qquad (3.16)$$

図 3.2 では，点 $P(x_o^{t}, y_o^{t})$ の期間 $t+1$ のフロンティアに対する効率値が $\theta_o^{t+1}(x_o^{t}, y_o^{t})$ であり，$\theta_o^{t+1}(x_o^{t}, y_o^{t}) = \mathrm{AB/AP}$ である．

　このときのマルムキスト生産性指数を次のように定義する．

$$M_o = \sqrt{\frac{\theta_o^{t}(x_o^{t+1}, y_o^{t+1})}{\theta_o^{t}(x_o^{t}, y_o^{t})} \frac{\theta_o^{t+1}(x_o^{t+1}, y_o^{t+1})}{\theta_o^{t+1}(x_o^{t}, y_o^{t})}} \qquad (3.17)$$

上記の M_o は，期間 t と $t+1$ の間の生産性の変化(全要素生産性)を測定するものである．M_o の値は，下記のように評価できる．

　　　　$M_o > 1$ であれば，生産性が上昇

　　　　$M_o = 1$ であれば，変化なし

$$M_o < 1 \text{ であれば，生産性が低下}$$

式(3.17)の右辺における各最適値は入力指向 CCR モデルにより求められているので，上記 M_o は入力指向 CCR に基づくマルムキスト指数である．同様に出力指向 CCR に基づく指数も求められる．その場合，問題

$$目的関数 \quad \theta_o^t(x_o^t, y_o^t) = \max \theta_o$$

$$制約式 \quad \sum_{j=1}^{n} \lambda_j x_j^t \leqq x_o^t$$

$$\sum_{j=1}^{n} \lambda_j y_j^t \geqq \theta_o y_o^t$$

$$\lambda_j \geqq 0, \quad j = 1, \cdots, n$$

の最大値 $\theta_o^t(x_o^t, y_o^t)$ 等を用いて M_o の値を求める．さらに，入力/出力指向 BCC (VRS)モデルに基づくマルムキスト指数を求める場合は，問題(3.1)〜(3.16)において制約条件

$$\sum_{j=1}^{n} \lambda_j = 1$$

を付加した問題の最適値を用いて計算する．

また，M_o を次の(3.18)のように変形(分解)することで，技術効率性の変化（キャッチアップ）とフロンティアの動き（フロンティアシフト）を測定することができる．

$$M_o = \frac{\theta_o^{t+1}(x_{o,}^{t+1} y_o^{t+1})}{\theta_o^t(x_o^t, y_o^t)} \sqrt{\frac{\theta_o^t(x_o^t, y_o^t)}{\theta_o^{t+1}(x_o^t, y_o^t)} \frac{\theta_o^t(x_o^{t+1}, y_o^{t+1})}{\theta_o^{t+1}(x_o^{t+1}, y_o^{t+1})}} \tag{3.18}$$

上式の右辺の第1項は，期間 t と $t+1$ における技術効率性の変化（キャッチアップ）の大きさを測り，TEC_o と表すことにする．

$$\text{TEC}_o = \frac{\theta_o^{t+1}(x_{o,}^{t+1} y_o^{t+1})}{\theta_o^t(x_o^t, y_o^t)} \tag{3.19}$$

TEC_o の値は，下記のように評価できる．

$$\text{TEC}_o > 1 \text{ であれば，技術効率性は上昇}$$
$$\text{TEC}_o = 1 \text{ であれば，技術効率性に変化なし}$$
$$\text{TEC}_o < 1 \text{ であれば，技術効率性が低下}$$

図3.2では，技術効率性の変化は次式となる．

$$\text{TEC}_o = \frac{\text{DE/DQ}}{\text{AC/AP}} \tag{3.20}$$

また，右辺の第2項は，期間 t と $t+1$ におけるフロンティアの動き（フロン

ティアシフト）を測り，FS_o と表すことにする．すなわち，

$$\mathrm{FS}_o = \sqrt{\frac{\theta_o^t(x_o^t, y_o^t)}{\theta_o^{t+1}(x_o^t, y_o^t)} \frac{\theta_o^t(x_o^{t+1}, y_o^{t+1})}{\theta_o^{t+1}(x_o^{t+1}, y_o^{t+1})}} \tag{3.21}$$

FS_o の値は，下記のように評価できる．

$\mathrm{FS}_o > 1$ であれば，フロンティアは発展

$\mathrm{FS}_o = 1$ であれば，フロンティアに変化なし

$\mathrm{FS}_o < 1$ であれば，フロンティアは減退

図 3.2 において，フロンティアシフトは次式となる．

$$\mathrm{FS}_o = \sqrt{\frac{\mathrm{AC}/\mathrm{AP}}{\mathrm{AB}/\mathrm{AP}} \frac{\mathrm{DF}/\mathrm{DQ}}{\mathrm{DE}/\mathrm{DQ}}} = \sqrt{\frac{\mathrm{AC}}{\mathrm{AB}} \frac{\mathrm{DF}}{\mathrm{DE}}} \tag{3.22}$$

すなわち，点 P におけるフロンティアシフト AC/AB と点 Q におけるフロンティアシフト DF/DE の幾何平均が FS_o である．

式 (3.18)，(3.19)，(3.21) より次の関係式が成り立っている．

マルムキスト指数 = キャッチアップ指数×フロンティアシフト

$$\mathrm{M}_o = \mathrm{TEC}_o \times \mathrm{FS}_o \tag{3.23}$$

3.3.2……DEA に基づくマルムキスト指数の例（2 期間）

本節では，12 の DMU（病院）に対して，DEA に基づくマルムキスト指数を求める．表 3.2（次ページ）は，各病院（H1〜H12）における 2 つの期間（期間 t，期間 $t+1$）での入出力データを記述したものである（本データは架空のものである）．ただし，各期における 2 つの入力は，(1) 看護時間，(2) 医療用品数とし，2 つの出力は，(1) 外来患者数，(2) 入院患者数とする．表 3.2 の左半分に記載されているデータが期間 t におけるものであり，右半分に書かれているものが期間 $t+1$ における入出力データである．このようなデータを Excel のワークシートとして保存し，DEA-Solver を用いてマルムキスト指数を求めると，図 3.4（118 ページ）に記述された結果が得られる．ただし Malmquist-Radial-I-C モデル（図 3.3 参照），すなわち，入力指向 CCR (CRS) モデルに基づく（問題 (3.1)〜(3.16) による）マルムキスト指数（式 (3.18)）を求めている．

図 3.4 の最も左の表は各病院のキャッチアップ指数，真中の表はフロンティアシフト，最も右の表はマルムキスト指数を，それぞれ表す．なお，各表で平均（Average）の列があるが，本節の例では 2 期間のみのマルムキスト指数なので，平均値は各病院のマルムキスト指数と同じ値である．次節で述べる 3 期間

表 3.2　期間 t および期間 $t+1$ における入出力データ

病院	期間 t				期間 $t+1$			
	(I)看護時間	(I)医療用品	(O)外来患者	(O)入院患者	(I)看護時間	(I)医療用品	(O)外来患者	(O)入院患者
H1	445	1616	295	186	477	1700	305	200
H2	450	891	196	94	477	900	200	98
H3	399	1658	208	100	417	1600	224	100
H4	567	2680	408	210	600	2500	414	222
H5	2200	1450	558	70	2270	1500	565	85
H6	560	4000	190	310	590	3890	250	300
H7	1668	4500	530	391	1800	4200	655	455
H8	350	1200	90	80	380	1250	95	95
H9	156	3100	108	58	175	3000	110	61
H10	2311	3452	876	252	2358	3500	900	245
H11	2000	2445	900	350	2222	2560	970	350
H12	580	3000	320	270	600	4000	500	400

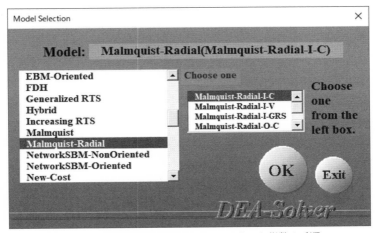

図 3.3　DEA-Solver におけるマルムキスト指数の手順
(DEA-Solver® による出力画面[文献 17])

以上におけるマルムキスト指数を求めた場合，その平均値は各期間の指数の平均となり，2 期間のみの同指数の値とは異なる．

Catch-up	期間 t=>期間 t+1	Average		Frontier	期間 t=>期間 t+1	Average		Malmquist	期間 t=>期間 t+1	Average
H1	1.070213903	1.0702139		H1	0.955078125	0.9550781		H1	1.022137887	1.0221379
H2	1.080673541	1.0806735		H2	0.955078125	0.9550781		H2	1.03212766	1.0321277
H3	1.084989775	1.0849898		H3	0.955078125	0.9550781		H3	1.03625	1.03625
H4	1.186559626	1.1865596		H4	0.955078125	0.9550781		H4	1.133257143	1.1332571
H5	0.994089347	0.9940893		H5	0.986733553	0.9867336		H5	0.980901313	0.9809013
H6	1.041912031	1.041912		H6	0.955078125	0.9550781		H6	0.995107389	0.9951074
H7	1.305446158	1.3054462		H7	0.955078125	0.9550781		H7	1.246803069	1.2468031
H8	1.193619632	1.1936196		H8	0.955078125	0.9550781		H8	1.14	1.14
H9	1.137898127	1.1378981		H9	0.955078125	0.9550781		H9	1.086781609	1.0867816
H10	1.001124751	1.0011248		H10	1.01085584	1.0108558		H10	1.011992802	1.0119928
H11	1	1		H11	0.989226053	0.9892261		H11	0.989226053	0.9892261
H12	1.163371961	1.163372		H12	0.955078125	0.9550781		H12	1.111111111	1.1111111
Average	1.104991571	1.1049916		Average	0.965209881	0.9652099		Average	1.06547467	1.0654747
Max	1.305446158	1.3054462		Max	1.01085584	1.0108558		Max	1.246803069	1.2468031
Min	0.994089347	0.9940893		Min	0.955078125	0.9550781		Min	0.980901313	0.9809013
SD	0.095094325	0.0950943		SD	0.019182072	0.0191821		SD	0.079879282	0.0798793

図 3.4　病院の例でのマルムキスト指数
（DEA-Solver ® による出力画面[文献 17]）

　上図のマルムキスト指数の表より，病院 H5, H6, H11 に対して，$M_o < 1$ であり，この 3 つの病院のこの期間での生産性が低下していることがわかる．一方，それ以外の病院（H1～H4, H7～H10, H12）については，$M_o > 1$ なので，生産性が上昇している．また，同図における 3 つの表から，マルムキスト指数，キャッチアップ指数，およびフロンティアシフトの関係式（3.23）が成り立っていることがわかる．実際，病院 H5, H8, H10 について次のように確認できる．

マルムキスト指数 ＝ キャッチアップ指数×フロンティアシフト
$$M_5 = 0.980901313 = 0.994089347 \times 0.9867335523 = \text{TEC}_5 \times \text{FS}_5$$
$$M_8 = 1.14 = 1.193619631 \times 0.955078125 = \text{TEC}_8 \times \text{FS}_8$$
$$M_{10} = 1.011992802 = 1.001124751 \times 1.01085584 = \text{TEC}_{10} \times \text{FS}_{10}$$

さらに，図 3.5（次ページ）のように，横軸にキャッチアップ指数，縦軸にフロンティアシフトとして 2 次元のグラフを記述すると各病院のマルムキスト指数の様子が把握できる．この図 3.5 から，1 つの病院（H10）を除き，すべての病院でフロンティアは減退し，また逆に 1 つの病院（H5）を除き，すべての病院で技術効率性（キャッチアップ指数）は上昇していることがわかる．

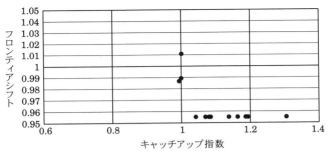

図 3.5　キャッチアップ指数，フロンティアシフトへの分解

3.3.3……DEA に基づくマルムキスト指数の例（3 期間）

　前節で考察した 12 の病院に対して，本節では 3 期間（2015 年，2016 年，2017 年）におけるマルムキスト指数を求める．すなわち，各病院 DMU に対して，式 (3.17) により，期間 $t = 2015$ と期間 $t+1 = 2016$ の間の生産性の変化および期間 $t = 2016$ と期間 $t+1 = 2017$ の間の生産性の変化の双方を求め，3 期間における生産性の変化の推移を見ることができる．表 3.3 は各期間における病院 H1〜H12 の入出力データを記述したものである（本データは架空のものである．実データを用いたマルムキスト指数の導出は 3.3.5 節参照）．ただし 2 入力，2 出力は前節と同じく，看護時間，医療用品数，来患者数，入院患者数とする．

表 3.3　2015 年，2016 年，2017 年における入出力データ

病院	2015 年				2016 年				2017 年			
	(I)看護時間	(I)医療用品	(O)外来患者	(O)入院患者	(I)看護時間	(I)医療用品	(O)外来患者	(O)入院患者	(I)看護時間	(I)医療用品	(O)外来患者	(O)入院患者
H1	445	1616	295	186	477	1700	305	200	455	1665	320	250
H2	450	891	196	94	477	900	200	98	477	900	200	98
H3	399	1658	208	100	417	1600	224	100	417	1600	224	100
H4	567	2680	408	210	600	2500	414	222	600	2500	414	222
H5	2200	1450	558	70	2270	1500	565	85	2270	1500	565	85
H6	560	4000	190	310	590	3890	250	300	590	3890	250	300
H7	1668	4500	530	391	1800	4200	655	455	1800	4200	655	455
H8	350	1200	90	80	380	1250	95	95	380	1250	95	95
H9	156	3100	108	58	175	3000	110	61	175	3000	110	61
H10	2311	3452	876	252	2358	3500	900	245	2358	3500	900	245
H11	2000	2445	900	350	2222	2560	970	350	2222	2560	970	350
H12	580	3000	320	270	600	4000	500	400	600	4000	500	400

Catch-up	2015年=>20	2016年=>20	Average
H1	1.0702139	1.1621094	1.1161616
H2	1.0806735	0.8911487	0.9859111
H3	1.0849898	1.1364554	1.1107226
H4	1.1865596	1.0215765	1.1040681
H5	0.9940893	1.0059458	1.0000176
H6	1.041912	0.9304238	0.9861679
H7	1.3054462	1.0289829	1.1672145
H8	1.1936196	0.8262676	1.0099436
H9	1.1378981	1.0362527	1.0870754
H10	1.0011248	0.9904428	0.9957838
H11	1	1	1
H12	1.163372	0.9105469	1.0369594
Average	1.1049916	0.9950127	1.0500021
Max	1.3054462	1.1621094	1.1672145
Min	0.9940893	0.8262676	0.9859111
SD	0.0950943	0.0963996	0.0632426

Frontier	2015年=>20	2016年=>20	Average
H1	0.9550781	1.0885275	1.0218028
H2	0.9550781	1.0354234	0.9952507
H3	0.9550781	1.037693	0.9963856
H4	0.9550781	1.0579819	1.00653
H5	0.9867336	1.0157352	1.0012344
H6	0.9550781	1.0982411	1.0266596
H7	0.9550781	1.0866359	1.020857
H8	0.9550781	1.0982411	1.0266596
H9	0.9550781	1.0607433	1.0079107
H10	1.0100558	1.0150674	1.0129616
H11	0.9892261	1.002548	0.995887
H12	0.9550781	1.0982411	1.0266596
Average	0.9652099	1.0579232	1.0115666
Max	1.0100558	1.0982411	1.0266596
Min	0.9550781	1.002548	0.9952507
SD	0.0191821	0.0359848	0.0126651

Malmquist	2015年=>20	2016年=>20	Average
H1	1.0221379	1.264988	1.1435629
H2	1.0321277	0.9227161	0.9774219
H3	1.03625	1.1792918	1.1077709
H4	1.1332571	1.0800095	1.1070333
H5	0.9809013	1.0217746	1.0013379
H6	0.9951074	1.0218297	1.0084685
H7	1.2468031	1.1181297	1.1824664
H8	1.14	0.907441	1.0237205
H9	1.0867816	1.0991981	1.0929899
H10	1.0119928	1.0053662	1.0086795
H11	0.9892261	1.002548	0.995887
H12	1.1111111	1	1.0555556
Average	1.0654747	1.0520077	1.0587412
Max	1.2468031	1.264988	1.1824664
Min	0.9809013	0.907441	0.9774219
SD	0.0798793	0.1025837	0.0664286

図 3.6 隣接期間に対するマルムキスト指数

(DEA-Solver ® による出力画面[文献 17])

また，2015 年と 2016 年の入出力データはすべて前節の例と同じで，2017 年の同データのみが追記されていることに注意する．前節と同様に，DEA-Solver の Malmquist-Radial-I-C を選択してマルムキスト指数を求めると図 3.6 のような結果が得られる．

　前節と同様に最も左がキャッチアップ指数の結果であり，真ん中がフロンティアシフトを表し，最も右がマルムキスト指数の値である．前節の図 3.4 は 2 期間のみ（すなわち 2015 年と 2016 年の間の変化）についての各指数が表記されていたが，図 3.6 ではほかのさらなる 2 期間（2016 年と 2017 年）の間の指数（を表す列が）が追記されている．また，各表の平均（Average）の列は，異なる 2 期間の指数の平均値である．異なる 2 期間の前期（2015-2016）のマルムキスト指数を横軸に取り，後期（2016-2017）のマルムキスト指数を縦軸に取って散布図（次ページ図 3.7）を描くと，異なる 2 期間の推移（全要素生産性）がわかりやすくなる．6 つの病院が前期，後期いずれもマルムキスト指数 $M_o > 1$ であり，生産性が上昇しており，3 つの病院において前期は生産性が低下しているものの後期には上昇に転じている．逆に 2 つの病院において前期は生産性が上昇しているものの，後期には減少してしまっている，などの推移がわかる．

　さらに前節の図 3.5 と同様に，マルムキスト指数をキャッチアップ指数とフロンティアシフトに分解し，横軸をキャッチアップ指数，縦軸をフロンティアシフトとして散布図（図 3.8）を，前期と後期に分けて表記すると，さらなる推移の様子がわかる．

　まず，前期は 1 つの病院を除いてすべてフロンティアが減退しているが，後

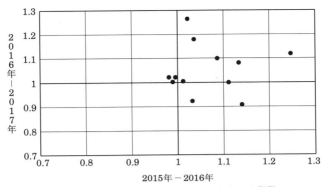

図 3.7　異なる 2 期間におけるマルムキスト指数

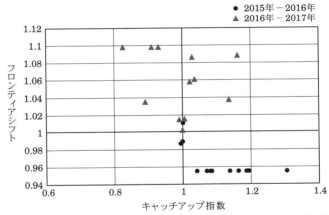

図 3.8　キャッチアップ指数，フロンティアシフトへの分解(2015 年-2016 年，2016 年-2017 年)

期にはすべての病院においてフロンティアは発展していることがわかる．一方，前期にはキャッチアップ指数は 1 つを除き上昇しているが，後期にはほぼ半々の割合(5 つが上昇，4 つが低下)で，キャッチアップ指数は上昇もしくは低下に分かれていることがわかる．

3.3.4……麻疹(はしか)対策

　麻疹はワクチンによる予防可能疾患である．しかし，未だに麻疹の流行は 2～3 年ごとに起こり，その死亡者数は全世界で毎年 260 万人に上ると推計されている[文献6]．2018 年時点における麻疹による死亡者数は約 14 万人，そのほと

んどが 5 歳未満の乳幼児と報告されている．2000 年代に入ると，WHO は「麻疹による死亡率減少と地域的な排除のための世界麻疹排除対策戦略計画」の中で，具体的な数値目標と，死亡率減少と地域的排除のための活動を進めるためのフレームワークを示し，麻疹ワクチンの 2 回接種法（生後 1 年および就学前）を勧奨した．ワクチン未接種および 1 回目の接種で免疫を獲得しなかった麻疹の感受性者（感染を受ける可能性がある者）に対し，2 回目のワクチン接種で免疫を得る機会をサポートするものである．日本国内では，2007 年前半，20 代前後の若年層を中心に，麻疹の大規模な国内流行があり，大学や高校などの教育機関の休校や，海外への持ち出しなど，社会的に大きな影響を及ぼしたことは記憶に新しい．南北アメリカやヨーロッパ諸国の多くの国々が，根絶に近い状態である「排除期」に至っている一方，日本は 2015 年にようやくこの排除期に到達した．しかしながら，麻疹の流行レベルを最低レベルに維持するためには，頑健な対策が持続的に求められる．

3.3.5……マルムキスト指数を応用した麻疹対策のパネル分析

　以上より，麻疹対策におけるグローバルスタンダードは，ワクチン接種率の向上をアウトカムとした感受性者のコントロールであることがわかる．WHOの推奨するワクチンプログラムでは，ワクチン接種のタイミングは 2 期（2 回の接種）が推奨されており，麻疹の流行を制圧するためには，いずれも高い接種率を維持する必要がある．したがって，今回評価したいパフォーマンスのアウトカムとしては，第 1 期と第 2 期（もしくは第 4 期まで）のワクチン接種率を分けて用いるのが適切である．2 期のワクチン接種率は，自治体の公衆衛生上の努力の結果であり，財政状況と組み合わせることにより，自治体の特徴が反映される．DEA を用いれば，その 2 つのアウトカムと投入した財源の組み合わせから，どの自治体が最適なパフォーマンスを実施していたかどうかをベンチマーキングすることが可能になる．そこで，簡略な 1 入力 2 出力の DEA モデルを設定することにする．麻疹対策が時限措置で強化された 2008 年から 2012 年の 5 年間を評価するために，同期間の毎年のデータを入出力変数として用いる[文献7]．具体的には，入力変数として「1 人あたりの衛生費」，出力変数として第 1 期（生後 1 年）と第 2 期（就学前）それぞれの「予防接種率（％）」である（123～124 ページ，表 3.4）．衛生費とは，地方自治体が実施する医療，公衆衛生，精神衛生等に係る対策（公衆衛生費・保健所費・結核対策費）と，ごみなど

表 3.4　2008，2010，2012 年の都道府県別 1 人あたり衛生費と麻疹ワクチン接種率

都道府県	2008			2010			2012		
	一人あたり衛生費（入力）	第一期接種率（出力）	第二期接種率（出力）	一人あたり衛生費（入力）	第一期接種率（出力）	第二期接種率（出力）	一人あたり衛生費（入力）	第一期接種率（出力）	第二期接種率（出力）
北海道	52.3	95.2	92.3	57.8	97.9	91.9	58.2	96.7	94.5
青森県	67.3	94.3	94.4	75.2	95.3	93.6	76.6	99.5	97
岩手県	73.5	95.5	95.1	86	94.8	94.1	95.3	98.8	93.8
宮城県	47.7	96.6	92.7	48.2	92.5	91.5	65.4	98.3	96
秋田県	55.7	88.2	97.3	68.8	97.5	96	61.1	95.1	96.8
山形県	59.2	91.2	95.2	61	96.5	94.1	59.6	100.5	96
福島県	48.9	92.8	92.5	49.7	91.7	90.3	174.6	95	92.2
茨城県	42.9	91.7	93.9	50.2	95.8	93.8	48.9	97.5	95.2
栃木県	48.2	93.7	91.2	48.5	96.7	92.9	50.5	97.5	94.9
群馬県	41.6	93.9	93.5	43.7	93.4	93.7	43.9	95.3	95.5
埼玉県	39	93.2	92.1	37	95.8	93.4	38.5	98	93
千葉県	42.2	94.9	92.5	43.4	96.1	92	45	97.3	93.6
東京都	50.3	95.7	88.3	51.9	94.5	90.1	51.6	98	91.8
神奈川県	36.2	93.6	90.1	37	94.8	88.4	38.1	97.2	92.9
新潟県	48.6	96.4	95.6	57.9	97.3	96.9	58.1	98.3	96.8
富山県	52.9	93.4	95.5	51.1	97	95.6	53.5	100.8	96.4
石川県	49.1	93.9	94.8	61.4	97.2	93.4	55.3	99.8	95.2
福井県	53.6	97	96	58.8	97.8	95.6	55.3	99.9	95.2
山梨県	61.8	93.8	92.1	66.9	96.7	92.2	74.9	96.2	93.5
長野県	50.3	93.8	93.1	52.7	95.2	94.3	54.5	93.7	94.6
岐阜県	48.2	97	91.3	51	97	92	51.5	95.8	92.3
静岡県	49.9	94.1	91.8	50.8	97	92.2	55.6	97.7	91.4
愛知県	43.4	95.8	92.5	45	97.8	93.8	42.9	96.8	93.8
三重県	52.9	98.5	94.3	57.2	95.7	93.7	56.3	97.2	93.6
滋賀県	50.1	89.1	92.2	53.6	98.5	91.5	54.3	98.6	95.3
京都府	41.3	94.7	92.8	42.2	95.9	95.3	42.1	97.3	94.1
大阪府	43.5	94.1	88.8	41.8	95.2	90.9	41.8	98.1	93
兵庫県	43.5	94	93.7	50.2	96.8	91.7	47.9	98.7	93.4
奈良県	44.6	92.5	91.1	56.7	92.5	91.2	53.7	95.5	91.1
和歌山県	64.7	93	92.1	67	95.2	94.3	69.5	101.1	94.3
鳥取県	60.6	95.2	95.3	65	96.4	92.4	70	99	94.9

都道府県	2008			2010			2012		
	一人あたり衛生費(入力)	第一期接種率(出力)	第二期接種率(出力)	一人あたり衛生費(入力)	第一期接種率(出力)	第二期接種率(出力)	一人あたり衛生費(入力)	第一期接種率(出力)	第二期接種率(出力)
島根県	69.4	93.6	93.9	94.7	95.1	95.6	83.2	100.6	96.1
岡山県	48	94.8	94.2	51	96	93.7	52.6	96.6	95.8
広島県	56.8	92.3	90.6	63.6	96.3	92	60.9	97.6	93
山口県	49.7	96.7	91.5	55.5	96.7	91.1	58.7	94.3	93.7
徳島県	60.4	96.1	93.2	69.9	99.6	93.4	75.1	100.6	97.6
香川県	57.2	92.9	93.2	60.7	96.3	95	61.7	98.3	95.3
愛媛県	53	95.1	95	57.5	96.5	95.1	62.5	97.1	93.8
高知県	60.7	93.4	89.9	65	94.1	90.5	68.1	95.4	91.3
福岡県	44.4	92.5	91.8	47.5	95.4	92.7	48.2	98.5	95.9
佐賀県	48.9	96.6	96.3	57.4	97.3	92.9	75.7	99.7	94.5
長崎県	61.7	92	92.6	66.2	93.9	92.4	78.8	98.1	93.7
熊本県	47.6	90.7	92.8	80.5	94.6	93.8	69.3	98.1	94.7
大分県	41.3	93.4	91.5	50.4	93	92.1	52.2	97.5	93.1
宮崎県	50.1	95.2	91.5	50.9	96	91.4	53.6	99.2	94.3
鹿児島県	48.9	93.5	88.8	55.9	93.8	90.4	58.7	94.9	89.9
沖縄県	48	97.9	88.1	50.9	92.2	90.4	50.5	94	90.3

　一般廃棄物の収集・処理等（清掃費）に支出される公的財源である．これらの変数による出力指向 CCR モデルの DEA 効率値をベースに算出されたマルムキスト指数のプロットを図 3.9（次ページ）に示す．

　5 年間を 2 期に区切り，横軸に 2008 年から 2010 年（前期），縦軸に 2010 年から 2012 年（後期）のマルムキスト指数をプロットしている．なお，マルムキスト指数は，1 より大きければ前進，1 に等しければ変化なし，1 より小さい場合は後退を示す．マルムキスト指数の分布を見ると，1 で区切られた象限のうち，第 1 象限にある自治体は大阪府であり，前期・後期ともに全要素生産性を向上させている．第 1，第 2 および第 4 象限にあり前期・後期のいずれかにおいて生産性を向上させた自治体は半数以上である．一方で，第 3 象限にある 21 の自治体が全期間を通して全要素生産性を低下させていることも示唆される（第 3 象限）．さらに，全要素生産性を分解して得られる 2 つの指数，キャッチアッ

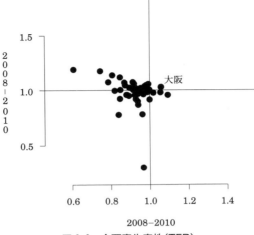

図 3.9　全要素生産性(TFP)

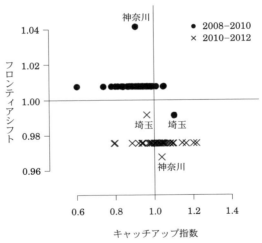

図 3.10　キャッチアップ指数とフロンティアシフト

プ指数とフロンティアシフトを前期・後期に分けて図 3.10 に示す.

　それぞれの指数の意味は，マルムキスト指数と同様である．なお，出力指向
CCR モデルでベンチマークされた自治体は 2008 年に神奈川県，2010 年に埼玉
県，2012 年に再び神奈川県と，それぞれ 1 自治体のみが参照される結果になっ
ているため，分布にばらつきが少ない．まず前期では，ほとんどの自治体が参

照自治体(神奈川)のフロンティアの前向きシフトに対してキャッチアップできていないことがわかる(富山・大阪・栃木を除く). 後期では,参照自治体は期間中に埼玉から神奈川に交代した影響により,2010年に埼玉を参照していたほとんどの自治体のフロンティア指数は1以下に後進したものの,キャッチアップ指数に注目すると多くの自治体がキャッチアップしていることがわかる. これはベストプラクティスである自治体(フロンティア)のパフォーマンスに追いついていることを示す. このように,マルムキスト指数による全要素生産性分析を用い,DEA効率性のダイナミクスをうまく表現することで,後半の地域格差の改善が,日本全体の麻疹対策の目標値達成の底上げに貢献している可能性を垣間見ることもできる. 中長期的で先が見えにくい公衆衛生活動の評価に多角的な視点を加えることで,実践家にとって改善の糸口を摑むきっかけとなり,モチベーションの向上に結びつくことを期待する.

3.4 ◆ 保健医療政策のパフォーマンスと影響要因

DEAは,自身がどのベストプラクティスの活動を見習うべきかを探ることと同時に,具体的な業務改善を数値化することが可能な便利なツールである. 次に来る興味は,どのような要因がパフォーマンスの向上に影響しているのかということである. それは,公衆衛生のマネジメントにおいても興味の中心といっても良い. 政策立案者や評価者であれば,経験則によりいくつかの要因を容易に挙げることが可能であるだろう. 例えば,エイズ対策と結核対策のアプローチの類似点に着目した場合,縦割りの部署で個別に対策するよりは,協働や組織再編により資源を共有することでより業務の効率性が増すかもしれない. そのような疑問に対し,DEA効率値を変数として用いる統計的手法が一助となる. ここでは,例として高齢者の肺炎対策を取り上げることにする.

3.4.1……高齢者の肺炎予防対策

肺炎は1975年以降日本における主要死因であり,2011年にはそれまで悪性新生物(がん),心疾患(心不全など)に次いで死因の第3位だった脳血管疾患(脳梗塞など)を上回り,増加傾向である[文献7]. さらに,年齢構成別に見ると,肺炎による死亡の96.9%は65歳以上の高齢者が占め,肺炎の年齢階級別死亡率は65歳以上になると急激に高くなっている.

　肺炎を引き起こす主な病原体は，肺炎球菌，インフルエンザ菌およびマイコプラズマなどの細菌やインフルエンザなどのウイルスである．特に，日常生活における肺炎の主な病原体としては，肺炎球菌が 1 位を占める（全体の約 3 割）[文献 8]．さらに，インフルエンザシーズンにおける肺炎の肺炎球菌への感染割合は 50% から 60% にまで上昇する．これは，肺炎球菌がヒトの口腔内の常在菌であり，インフルエンザ感染などによる体力や免疫の低下が肺炎を引き起こすことによる．このため，肺炎の予防には，インフルエンザワクチンと肺炎球菌ワクチンの両方接種が推奨されている．日本国内では，2000 年代前半より市町村自治体による高齢者に対する肺炎球菌ワクチンの公費助成接種が徐々に増えたが，予防接種法に基づく定期接種となったのは，2014 年 10 月からである．現在は，インフルエンザワクチンに加え，肺炎球菌ワクチンの接種対象が小児から高齢者（および 60 歳以上 64 歳以下の特定の内部障害者）に拡大されている．

3.4.2……肺炎球菌ワクチンの定期接種について

　高齢者を対象とした肺炎球菌ワクチンとしては，成人用肺炎球菌ワクチン（23 価肺炎球菌莢膜ポリサッカライドワクチン；PPSV23）が導入されている．肺炎球菌には 93 種類の血清型があり，そのうちの 23 種類の血清型に効果があるとされる．また，この 23 種類の血清型は成人の重症の肺炎球菌感染症の原因の約 7 割を占めると報告されている[文献 9]．肺炎球菌ワクチンの抗体価は接種後 1 か月で最高値となり，5 年を過ぎると徐々に低下する．なお，1 度感染した血清型については，免疫獲得が可能である．

　現在，2014 年度から 65 歳以上の高齢者について，5 歳刻みの年齢で接種対象とし，2014 年から 2018 年の 5 年間をかけて，すべての高齢者をカバーする経過措置制度として接種が行われた．

3.4.3……インフルエンザワクチンの定期接種について

　インフルエンザワクチンについては，感染や発症そのものを完全には防御できないが，重症化や合併症の発生を予防する効果は証明されており，高齢者に対してワクチンを接種すると，接種しなかった場合に比べて，死亡の危険を 1/5 に，入院の危険を約 1/3〜1/2 にまで減少させることが期待できると言われている．現行ワクチンの安全性はきわめて高いと評価されている．成人の場合，

接種後約2週間で免疫獲得し，約5か月間持続する．A型2種類，B型2種類
の4価ワクチンが導入されて，65歳以上の高齢者（および60歳から64歳まで
の特定内部障害者）が予防接種法における定期接種の対象となっている．定期
接種スケジュールは，1年に1回である．

3. 4. 4……高齢者の肺炎予防対策のパフォーマンスに 影響を及ぼす要因

それでは，2014年の肺炎予防の都道府県自治体の取り組みについて，パフォ
ーマンスにどのような要因が影響を与えているかを探索的に分析していくこと
にする．肺炎予防対策の主要アウトカムを，肺炎球菌ワクチンとインフルエン
ザワクチンの定期接種率の向上とする．入力データは，「1人あたり衛生費」，
人的資源として「保健師数（人口10万対）」を用いる．また，出力データとして，
「インフルエンザワクチン定期接種率（％）」および「肺炎球菌ワクチンの定期接
種率（％）」とする[文献10]．

以上の2入力2出力変数を用いた出力指向CCRモデルで評価すると，2014
年のDEA効率性フロンティアを構成するのは，群馬県，神奈川県，愛知県お
よび大阪府の4自治体である．DEA効率値の平均値は0.77（標準偏差0.14）で
あった．

次に各自治体のDEA効率値を従属変数とした場合の影響要因を統計的手法
で推定する．背景因子については，「財政力指数（自然対数）」，「老人福祉費割合
（％）」，「衛生費割合（％）」，「一般診療所数（人口10万対）」および「後期高齢者
医療費（1人あたり）」とした．すべて2014年のデータである[文献11]．従属変数
のDEA効率値はカットオフ値「1」の打ち切りデータ特性を持つため，トービ
ットモデルによる多変量回帰分析を用いた（統計パッケージ：Stata/SE 13.1）．
統計的有意水準は両側1％とした．結果を表3.5（次ページ）に示す．

財政力指数と衛生費割合の係数がそれぞれ有意であった．財政力が高いほど
DEA効率値が高く，衛生費の割合が高いほどパフォーマンスが落ちる傾向に
ある．また，老人福祉費割合の係数に着目すると，その他の背景因子と比較し
てポジティブであり有意に近い．実際には，介護保険や後期高齢者医療制度な
どの高齢者施策でイニシアチブをとるのは市町村自治体であり，高齢者にダイ
レクトに働きかけができる機会が多い．また，ワクチン定期接種制度を法定受
託事務として管轄，つまり直接サービス提供を図っているのが，市町村である．

表3.5 トービットモデルによるDEA効率値の予測値（DEA効率値 = 0.2187×財政力指数（自然対数）+0.0302×老人福祉費割合−0.0508×衛生費割合 −0.0006×一般診療所数 −7.E-08×後期高齢者医療費+1.0618+誤差項）

項	推定値	標準誤差	t値	p値	信頼限界	
					下側	上側
財政力指数（自然対数）	0.2187	0.0475	4.61	0.000	0.1229	0.3145
老人福祉費割合［県財政］（%）	0.0302	0.0155	1.95	0.058	−0.0011	0.0614
衛生費割合［県財政］（%）	−0.0508	0.0189	−2.69	0.010	−0.0889	−0.0127
一般診療所数（人口10万人当たり）	−0.0006	0.0013	−0.48	0.636	−0.0033	0.0020
後期高齢者医療費（1人当たり）	−7.E-08	2.E-07	−0.41	0.684	−4.E-07	3.E-07
切片	1.0618	0.1498	7.09	0.000	0.7594	1.3641

よって，市町村の実施する高齢者施策に財源の投入を図るほうが，効率的な可能性が高いという示唆は，実践的に妥当な印象を受ける．

本原稿の執筆時点では，肺炎球菌ワクチンの定期接種制度は開始時点であるため，5年間の経過措置が終わった段階で，市町村行政を意思決定単位とした評価を行うことで，より実践的な評価ができるだろう．

3.5 ◆ 国際保健のDEA効率性分析における確率的感度分析手法の活用

前述の肺炎球菌ワクチンの定期接種制度の入出力変数から算出されたDEA効率値は，1年間というある時点の観測データに基づく．DEAは，同じサンプル集団内のほかのDMUの振る舞いの影響を受けやすい相対的指標である．加えて欠損値の影響や，サンプリングによるバイアスの影響も否定できない．さらに，推定されたDEA効率値はランダムエラーや外的ショックなどの影響を考慮していないことや，分布にノンパラメトリックな仮定をおく性質があるという限界がある．そのため，確率的感度分析を行うことが推奨されている．いくつかの手法が提案されているが，ここでは，ブートストラップ法を用いた例を示すことにする．

3.5.1……ブートストラップ法

同じ母集団から抽出した標本は，無作為抽出であるため，標本を構成する要

素，標本のサイズが異なると，それらの統計量は異なっている．このため，標本データを用いて母集団の性質を推測する際には常に誤差が伴う．そこで，確率分布の性質に頼らないブートストラップと呼ばれる方法が提唱されている[文献12]．

　ブートストラップ法は，母集団の推定量（分散など）の性質を，近似分布にしたがって標本化したときの性質を計算することで推定する手法のことである．測定値から求められる経験分布を近似分布として用いるのが標準的である．また，仮定される分布が疑わしい場合や，パラメトリックな仮定が不可能ないし非常に複雑な計算を必要とするような場合に，パラメトリックな仮定に基づく推計の代わりに用いられる．

3.5.2……ブートストラップ法により推定した
　　　　DEA効率値を用いた統計学的推定

　ここでは，2002年から2012年までの11期の世界102か国の結核対策プログラム（National Tuberculosis Program；以下NTP）のアウトカム指標を用いて，ブートストラップ法によるDEA効率値の推定値（以下ブートストラップDEA効率値）を用いた統計学的解析を行ったので紹介する．DEAの確率的感度分析に用いたパッケージはDEA Solver Pro（ver. 13.0）である[文献13]．

　入力変数を「保健医療費のGDP比（％）」，「結核罹患率（人口10万対）」および「TB/HIV重複感染者数（人口10万対）」，出力変数をNTPのアウトカム指標である「治療成功率（％）」と「検診発見率（％）」と設定する[文献14, 15]．このうち検診発見率（Case Detection Rate；CDR）は，ある年に予測される結核罹患数に対する新規届出結核患者数の割合を指す．結核とHIV重複感染は，全世界の結核患者のおよそ1/4を占め，結核の発病，すなわち活動性結核への進行確率を最大で50倍にも上昇させると言われる．結核とHIVの重複感染が増加すれば，間接的に治療上のコストが高まることから，入力変数として扱った（次ページ表3.6）．

　この104か国を母集団とした3入力2出力変数からなる11期のHistorical dataからのリサンプリングを5000回繰り返して抽出したブートストラップ標本から，出力指向CCRモデルおよびBCCモデルでDEA効率値（以下ブートストラップDEA効率値）を推計し，平均値および95％信頼区間を図3.12（132ページ）および図3.13（133ページ）に，結核蔓延度別に示した．

表 3.6　データセット

DMU (n = 114)	2002						2003
	(I) 保健医療費 の GDP 比	(I) 結核罹患率	(I) 結核/HIV 重複感染者数	(O) 治癒成功率	(O) 検診発見率		(I) 保健医療費 の GDP 比
アフガニスタン	8	189	0	87	33		9
アルジェリア	4	87	0	89	67		4
アンゴラ	4	260	23	74	78		5
アルゼンチン	8	37	1	58	82		8
アルメニア	5	70	1	79	67		6
オーストラリア	8	6	0	78	88		8
アゼルバイジャン	4	564	2	83	11		7
バハマ	5	22	9	59	65		6
バングラデシュ	3	225	0	84	27		3
ベルギー	8	13	0	69	91		10
ベナン	4	80	14	80	48		5
ブータン	8	353	0	86	52		5
ボリビア	7	173	10	84	67		6
ボツワナ	6	855	604	71	66		4
ブラジル	7	56	8	80	81		7
ブルガリア	8	56	0	84	75		8
ブルキナファソ	5	67	15	64	29		6
ブルンジ	7	250	48	79	36		7
カンボジア	6	556	49	92	35		7
カナダ	9	6	0	36	87		10
チリ	8	20	0	86	77		7
中国	5	102	0	92	35		5

　CCR および BCC モデルともに，結核蔓延度が低くなるほど，ブートストラップ DEA 効率値が増加する傾向にあった（ケンドールの順位相関係数；p 値 < 0.001）．また，DEA 効率性フロンティア（ベンチマークされた国）との格差（1 と DEA 効率値の差分）は，高蔓延になるにつれ大きくなる傾向であった（ピアソンの積率相関係数；p 値 < 0.001）．つまり高蔓延国の間では，NTP のパフォーマンスに格差が存在しそうである．また，ブートストラップ法による予測信頼区間を比較すると，BCC モデルの方が小さく（t 検定；p 値 < 0.001），CCR

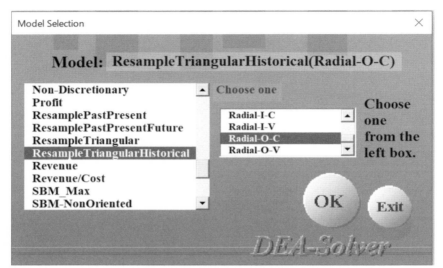

図 3.11　DEA solver のオプション
(DEA-Solver (R)による出力画面[文献 17])

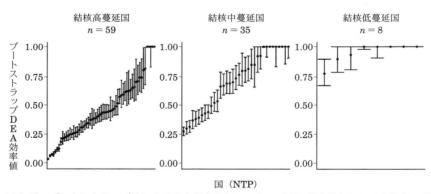

図 3.12　ブートストラップ法による出力指向 CCR モデルの DEA 効率値と 95％ 予測信頼区間

モデルより不確実性が低く予測精度が高いものと考えられた．また，図 3.13 の BCC モデルより，規模の収穫を評価したところ，収穫一定と評価された国は 22 か国，およそ全体の 2 割であり，多くの国が逓増（1 か国）もしくは逓減（79 か国）と評価され，NTP のパフォーマンスにおける規模の収穫は一定ではないことがわかった．これはつまり，BCC モデルの方があてはまりの良い可能性を示唆している．

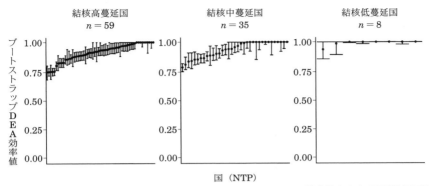

図 3.13　ブートストラップ法による出力指向 BCC モデルの DEA 効率値と 95 ％ 予測信頼区間

　この BCC モデルによるブートストラップ DEA 効率値に対して，どのような影響要因が存在するのかを明らかにするために，統計学的モデルを用いる．DEA 効率値は 0 から 1 の範囲を取る打ち切りデータのため，トービットモデルを採用する．ブートストラップ DEA 効率値を予測するために，次の 9 つの変数を考慮したモデルを設定した（次ページ表 3.7）．まず，国民皆保険普及率（％）は，データの観測期間に最も近い 2015 年のものを用いたが，50 ％ 前後のところで二峰性の分布を持つため，カットオフ値を 50 ％ とし，普及率の高い国と低い国に層別化して解析を行った．人間開発指数（HDI）および保健医療費の一般財源占める割合は，データの観測期間である 2002 年から 2012 年の平均を用い，そのまま連続変量として用いた．ジェンダー開発指数（GDI）は，2014 年のものを，連続変量として用いている．純移動率は，2010 年から 2015 年までの平均値について増減，つまり正（1）か負（0）かの値をとっているかで分け，2 値のダミー変数とした．腐敗認識指数（CPI）は 2012 年のデータを用い，対数正規分布のため自然対数により対数変換した．WHO の指標の一部である多剤耐性結核（MDR）ガイドライン，HIV 合併結核ガイドライン，結核患者情報のデータベース化についての 2013 年時点での有無を，それぞれ 1，0 として扱った．結果を表 3.7 に示す．まず国民皆保険普及率の高い国について見ていくと，低 HDI グループでは，保健医療支出割合が低いほど効率性が高くなる傾向がある．支出に無駄が多いというよりは，ODA などの外部資金割合の高さが関係しているかもしれない．一方，高 HDI グループでは，結核登録者情報システムの有無が効率性に影響を与えていることが示唆された．HDI は，GDP などの経済

表 3.7　(注：***, **, *, ., 無印は，それぞれ有意水準 0.1%，1%，5%，10%，100%)

(1)国民皆保険普及率の高い国におけるブートストラップ DEA 効率値と決定要因

トービットモデル	係数	標準誤差	p 値
切片	1.360	0.248	< 0.001***
国民皆保険普及率	−0.005	0.002	0.039*
人間開発指数(HDI)	0.339	0.182	0.063.
ジェンダー開発指数(GDI)	−0.624	0.239	0.009**
保健医療費割合	0.004	0.003	0.302
純移動率の増減(2 値ダミー)	−0.057	0.033	0.087.
腐敗認識指数(CPI；自然対数)	0.053	0.044	0.231
2013 年 MDR ガイドライン(2 値ダミー)	0.132	0.047	0.005**
2013 年 TB/HIV ガイドライン(2 値ダミー)	−0.154	0.047	< 0.001***
2013 年データベース電子化(2 値ダミー)	0.041	0.025	0.103

(2)国民皆保険普及率の低い国におけるブートストラップ DEA 効率値と決定要因

トービットモデル	係数	標準誤差	p 値
切片	2.115	0.251	< 0.001***
国民皆保険普及率	0.006	0.003	0.056.
人間開発指数(HDI)	0.178	0.218	0.416
ジェンダー開発指数(GDI)	−1.184	0.276	< 0.001***
保健医療費割合	0.020	0.005	< 0.001***
純移動率の増減(2 値ダミー)	−0.141	0.054	0.008**
腐敗認識指数(CPI；自然対数)	−0.216	0.068	0.002**
2013 年 MDR ガイドライン(2 値ダミー)	−0.115	0.061	0.058.
2013 年 TB/HIV ガイドライン(2 値ダミー)	0.193	0.059	0.001**
2013 年データベース電子化(2 値ダミー)	0.044	0.030	0.147

指標と違い，国家の経済力，教育水準および保健医療水準を考慮した指標であるから，高 HDI グループには高度な医療インフラや技術力に支えられた保健医療システムを持つ高所得国が多い．ICT によって患者情報を一元化することで，介入の質の向上につながったと解釈できそうである．感染症流行の背景として，蔓延度の高い国から低い国への移民の影響が指摘されているが，どちらのグループでも純移動率の影響は示唆されていない．

　このように，質の良い Historical data がそろっていれば，確率的感度分析の

手法を用いることで，経験分布から DEA 効率値がどのような振る舞いをするのか，ある程度の見当をつけることができる．また，DEA 効率値の持つ限界を修正して，データとしての精度を高めることができる．このことは，政策立案者の予算配分や数値目標の見積もり，あるいはリスクヘッジの検討において，意思決定を支える助けとなるだろう．

3.6 ◆ 結論／おわりに
....

　本稿では，感染症を中心に，DEA を応用した保健医療における政策評価の一部をいくつか例示した．従来の経済的評価の視点にバリエーションが増えることで，より実践的な評価が期待できそうである．いくつかの適用例で示唆されたように，設定した出入力変数の条件下において，個別の自治体にとってのベストプラクティスはどの自治体なのか，あとどれだけのキャッチアップが必要かなど，ある程度の見積もりが可能になることがわかる．また，確率的手法を用いれば，DEA 効率値の持つ不確実性を考慮に入れた影響要因の探索も可能である．しかしながら，課題は多い．

　まず第 1 に，DEA の利点である目標改善値と期待値の推定についてである．これに関しては，理論値の域を得ず，資源配分の意思決定を支えるには根拠が不足している．

　第 2 に，入出力変数の選択や組み合わせである．変数の背景にある疾病特異性などの医学的あるいは疫学的な影響は，評価において無視できない要素である．疫学的特徴とアウトカム指標を取り込んだ適切な変数選択について，検証を重ねる必要がある．

　第 3 に，DEA 効率値の妥当性と信頼性の確保である．DEA モデルの抱える限界点を補い，精度の高い推計を行うために，妥当な統計学的アプローチを確立する必要性がある．

　第 4 に，評価にどのくらいの期間の観測が必要かということである．例えば HIV や結核の特性（Natural History）を考慮すれば，成果を観測するまでに，きわめて長期的な時間を必要とする．一方，インフルエンザやノロウィルスなどの集団感染の予防を評価しようとするのであれば，少なくとも 2 シーズン（概ね 2 年間）を観測する必要がある．

　DEA は「過去」の生産活動において，その効率性や生産性を評価していく．

一方，近年脅威となった中東呼吸器症候群（MARS）や，新型肺炎，新型インフルエンザなどの新興感染症，あるいはデング熱やジカ熱などの輸入感染症については，危機管理の観点が重視される．したがって，DEA の今後の展望として，「未来」の評価，すなわち未然の評価によるリスクヘッジの視点を期待したい．

DEA を用いた評価における変数選択の多様性は，公衆衛生活動の重視する地域コミュニティという多様性を踏まえた評価を可能にし，政策立案者の実務的な疑問に応えてくれるに違いない．DEA やオペレーションズ・リサーチの手法が，今後の公衆衛生の発展の一助となってくれることに期待を寄せる．

参考文献

[1] Singaroyan, R., Seed, C.A. and Egdell, R.M., "Is a target culture in health care always compatible with efficient use of resources? A cost-effectiveness analysis of an intervention to achieve thrombolysis targets," *Journal of Public Health*, 28(1), 31-34, 2006.

[2] Helling, D.K., Nelson, K.M., Ramirez, J.E. and Humphies, T.L., "Kaiser Permanente Colorado Region Pharmacy Department: innovative leader in pharmacy practice," *Journal of the American Pharmacists Associa-tion: JAPhA*, 46(1), 67-76, 2006.

[3] Mobley, L.R. and Magnussen, J., "The impact of managed care penetration and hospital quality on efficiency in hospital staffing," *Journal of health care finance*, 28(4), 24-42, 2001.

[4] Nunamaker, T.R., "Measuring routine nursing service efficiency: a comparison of cost per patient day and data envelopment analysis models," *Health Services Research*, 18(2 Pt 1), 183, 1983.

[5] Ozcan, Y.A., *Health Care Benchmarking and Performance Evaluation*, Springer, 2014.

[6] World Health Organization, "*Global tuberculosis report*," World Health Organization, 2016.

[7] World Health Organization, Measles.
https://www.who.int/news-room/fact-sheets/detail/measles（2022 年 9 月 22 日閲覧）

[8] 総務省統計局，「地方財政白書」．
https://www.soumu.go.jp/menu_seisaku/hakusyo/chihou/28data/（2022 年 9 月 22 日閲覧）

[9] 厚生労働省，「人口動態統計（確定数）」．
https://www.mhlw.go.jp/toukei/list/81-1a.html（2022 年 9 月 22 日閲覧）

[10] 石田直，「市中肺炎（特集 肺炎をめぐって）」，『呼吸器ケア』，1(4)，436-443，2003．

[11] 病原微生物検出情報 IASR，「〈速報〉2013 年度の侵襲性肺炎球菌感染症の患者発生動向と成人患者由来の原因菌の血清型分布」．

https://www.nih.go.jp/niid/ja/id/1373-disease-based/ha/streptococcus-pneumoniae/idsc/iasr-news/
4729-pr4132.html（2022 年 9 月 22 日閲覧）

[12] 総務省統計局，「都道府県・市区町村のすがた（社会・人口統計体系）」．
https://www.e-stat.go.jp/regional-statistics/ssdsview（2022 年 9 月 22 日閲覧）

[13] Efron, B., "Bootstrap Methods: Another Look at the Jackknife," *The Annals of Statistics*, 7(1), 1-26, 1979.

[14] Tone, K., *"Resampling in DEA"*, National Graduate Institute for Policy Studies, Japan, 2013.

[15] World Health Organization, Tuberculosis.
https://www.who.int/teams/global-tuberculosis-programme/data（2022 年 9 月 22 日閲覧）

[16] World Health Organization, Global Health Expenditure Database.
https://www.who.int/teams/global-tuberculosis-programme/data（2022 年 9 月 22 日閲覧）

[17] Cooper, W.W., Lawrence, M.S., and Tone, K., *Introduction to data envelopment analysis and its uses : with DEA-solver software and references*. Springer Science & Business Media, 2006.

第 **4** 章

都道府県の
生産活動の効率性評価

福山博文
福岡大学商学部

橋本敦夫
中村学園大学流通科学部

4.1 ◆ 生産活動の効率性評価

....

4.1.1……地域経済と生産活動の効率性

　国内のさまざまな地域で生産活動やサービス活動が行われており，生産活動等が活発であることはとても重要である．なぜなら，私たちは生産活動等に従事し労働力を提供することにより収入を得て，その一部で生産物を消費し，サービスを享受している．そして，企業は地域で生産物やサービスを提供することで得た収益をもとに事業税等を納め，地方財政の一部を支える．地方自治体は得た歳入を教育やゴミ処理など地域で生活する人々への行政サービスに活用し，人々が生活しやすい環境を整える．そしてこのような経済の仕組みによるお金や生産物等の確実な循環が，地域経済の持続的な成長を牽引する．

　ところで，現在の日本は少子高齢化が進み，主に地方では生産活動やサービス活動の担い手がますます減少する傾向にある．このまま何も手を打たないのであれば，地方の生産活動等が維持できにくくなるという喫緊の課題がある．

　そこで，持続的な地域経済の成長を支えるために生産活動の効率性に焦点を当てる．生産活動の効率性が大きいという概念は，なるべく少ない投入で，できるだけ多くの産出を得ることを指す．すなわち，ある生産活動において労働者数を一定と仮定して原材料をなるべく少なく有効に使って，生産物をできるだけ多く産出するように，効率よく生産することが望ましいということである．

　よって，本章では地域経済の生産活動の効率性を評価する目的で DEA の CCR モデルを用いる．さらに，地域の経済活動に必要とされる投入要素や生産活動よって産出される生産物のそれぞれの要素について，具体的な改善案を提示する目的で SBM モデルを活用する．また，生産物は常に望ましい生産物とは限らない．そのため望ましくない生産物を抑制することを考慮したモデルを示す．

4.1.2……都道府県の生産活動の効率性評価

　地域経済を評価するにあたって，都道府県を経済活動の単位とする．都道府県内の生産活動を担う産業の種類や規模はさまざまであり，それぞれの産業は複雑に関係している．複雑な関係性も持つ生産活動を詳細に観測し評価することはたいへん困難である．そこで，都道府県の生産活動を簡潔化した生産構造モデルを作り，都道府県の生産活動の効率性を評価したい．

　現に各都道府県は，それぞれがひとつの自治体として地域経済をこれから先も持続的に発展させようと模索している．ここで，持続的とは将来にわたって地域住民が経済的に安定し，福祉の面で恩恵を享受し，その地域で日常的に生活を営める状況にあることを指す．

　都道府県の生産活動のもととなるものは，労働力，民間の機械設備などの民間資本，道路などの社会資本である．そして，これらの労働力と資本を活用して生産活動を行う．その成果を都道府県 GRP（Gross Regional Product；域内総生産）で表すことができる．生産活動に利用できる労働力と民間資本および社会資本は投入可能な量（額）が限られているため，これらを有効に活用して最大の生産量（額）を生み出すことが望ましい．

　都道府県 GRP を大きく産出する目的で，これまでより多大な量の労働力，民間資本，社会資本を各々投入するといった考え方があるかもしれない．しかし，それぞれの投入要素を単純に大きくすることは現実的ではない．量（額）に限りのある複数の投入要素をバランス良く，さらに過不足なく投入し，効率よく生産物を産出することが望まれる．

　文献[11]は，ある国の財やサービスの生産力がその国民の生活水準を決定するとし，生産力の重要性を示している．日本国の行政区画である都道府県の生産活動の効率性を評価し，効率性を高める要因を見極め，政策に反映することによって生産力の維持発展に繋げることが可能となる．

　ここで，生産活動に必要な投入要素と生産活動の成果である生産物について生産性という観点で整理する．文献[12]によると，生産性測定の概要を表 4.1（次ページ）のとおり示している．付加価値ベースの労働生産性を，

$$労働生産性 = \frac{付加価値の量}{労働投入量}$$

で示し，付加価値ベースの資本生産性を，

$$資本生産性 = \frac{付加価値の量}{資本投入量}$$

で示している．ただし，付加価値ベースの労働生産性や付加価値ベースの資本生産性は部分的な生産性の評価基準であるとされる．

　そこで，労働生産性と資本生産性をともに考慮した付加価値ベースの労働と資本による多要素生産性を，

表 4.1　OECD による生産性測定の概要[出典：[12], p. 13. Table 1]

出力測定の型	入力測定の型			
	労働	資本	資本と労働	資本，労働および中間投入物(エネルギー，原材料，サービス)
産出額 (GDP ＋中間投入)	労働生産性 （産出額ベース）	資本生産性 （産出額ベース）	資本と労働の MFP （多要素生産性） （産出額ベース）	資本，労働および中間投入物の KLEMS （多要素生産性） （産出額ベース）
付加価値 （GDP）	労働生産性 （付加価値ベース）	資本生産性 （付加価値ベース）	資本と労働の MFP （多要素生産性） （付加価値ベース）	―
	単一要素生産性測定		多要素生産性測定	

$$労働と資本による多要素生産性 = \frac{付加価値の量}{労働と資本の投入を組み合わせた量}$$

で求めるとしている．

　文献[12]によると，多要素生産性は経済成長と生活レベルおよび構造変化を評価する指標であるとし，産業への貢献を表すことができるとしている．

　本章では，文献[12]の生産性測定の論議をもとにして労働と資本をどちらも生産活動における投入要素として扱い，その生産活動の成果として都道府県の付加価値である都道府県 GRP を産出する生産構造をベースに都道府県の生産活動の効率性を評価する．

4.2 ◆ CCR モデルによる 都道府県の生産活動の効率性評価

4.2.1……CCR モデル

　DEA は文献[1]によって開発された，企業や団体などの事業体の経営活動に関わる投入要素と生産物をもとに効率性を評価する手法である．

　DEA は，同様の事業を経営する複数の事業体について投入要素と生産物の比を求め，それぞれの効率性を相対的に対比させて事業体ごとに評価することが可能である．そして，評価対象となる複数の事業体の中から最も効率的な事業体が判明する．最も効率的な事業体以外の他の事業体は，効率的な事業体を参考に経営活動の改善に取り組むことができる．

　DEA による生産活動の評価では，投入要素や生産物に複数の種類の要素を用いることができる．すなわち投入要素と生産物の種類数は限定されない[1]．さらに，それらの要素には金額や人数のように任意の単位を活用して推計することが可能である．

　通常，それぞれの事業体(DMU)は複数個の投入要素の項目と複数個の生産物の項目を持つ．$\mathrm{DMU}_j\,(j = 1, 2, \cdots, J)$ が，

投入要素　　x_{nj}　　$(n = 1, 2, \cdots, N)$　　　（N 種類の入力）

生産物　　　y_{mj}　　$(m = 1, 2, \cdots, M)$　　（M 種類の出力）

を持つとし，数値データとして与えられるものとする．これらのデータを用いて評価を行い，それぞれの DMU_o ごとに効率値を求める[2]．

　DEA の CCR モデル(出力指向型)の目的関数と制約式は式(4.1)～式(4.3)のとおりである．

CCR モデル（出力指向型）

$$\text{目的関数}\quad \max \eta \tag{4.1}$$

$$\text{制約式}\quad \sum_{j=1}^{J} x_{nj}\mu_j \leqq x_{no}, \qquad (n = 1, 2, \cdots, N), \tag{4.2}$$

$$\sum_{j=1}^{J} y_{mj}\mu_j \geqq \eta y_{mo}, \qquad (m = 1, 2, \cdots, M), \tag{4.3}$$

$$\mu_j \geqq 0, \qquad (j = 1, 2, \cdots, J).$$

　なお，式(4.1)～式(4.3)は規模に関して収穫一定(CRS)のモデルである．規模に関して収穫可変(VRS)の BCC モデルは以下の制約式(4.4)を式(4.1)～式(4.3)に追加する．

$$\sum_{j=1}^{J} \lambda_j = 1 \tag{4.4}$$

さて，出力指向型の目的関数の最適値 η は，

$$\eta \geqq 1 \tag{4.5}$$

である．最適値 η は 1 が最も効率的であり，1 より大きいほど効率性が劣る．

1　事業体数を J，投入要素数を N，生産物数を M とすると，文献[18]では下記の基準を満たしていることが望ましいとしている．
　　$J \geqq \max \{N \times M, 3(N+M)\}$.
2　対象となる DMU を DMU_o と表記することとする．

4.2.2……CCR モデルによる都道府県の生産活動の効率性評価

4.2.2.1　都道府県の生産構造

　本節では，[12]の多要素生産性の考え方をもとに都道府県の生産活動の効率性評価を行う．各都道府県の産業は生産活動を行うための基盤として労働力と民間資本および社会資本が必要である．そこで，生産活動に投入する要素を，労働者数，民間資本ストック，社会資本ストックとする．その生産活動による産出財を都道府県の生産活動の成果を示す指標である都道府県 GRP とする．

　図 4.1 に示す都道府県の生産構造[3]をもとに，DEA の出力指向型 CCR モデルによる推計を行いたい．もし，この CCR モデルを入力指向型とし投入要素の余剰を考慮した場合，労働者数を減じる部分にも着目することになり，現実的ではない．観測されている投入要素を有効に活用し，都道府県の生産活動をとおして本来達成すべき都道府県 GRP の不足量(額)を評価することに着目する方が政策に生かせる．よって，本節では出力指向型 CCR モデルによる都道府県の生産活動の効率性評価を行う．

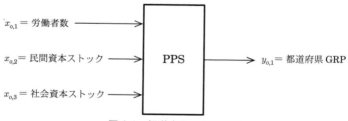

$x_{o,1} =$ 労働者数

$x_{o,2} =$ 民間資本ストック

$x_{o,3} =$ 社会資本ストック

PPS

$y_{o,1} =$ 都道府県 GRP

図 4.1　都道府県の生産構造

　DEA の出力指向型 CCR モデルは式(4.1)～式(4.3)である．ただし，η の推計結果が 1 より大きいほど効率性が劣ることになり，この推計値のままでは扱いにくい．そこで，次の式(4.6)のように目的関数の推計値の逆数を θ とする．よって，最適値 θ^* は，$0 < \theta^* \leqq 1$ の範囲の値となり，θ^* が 1 に近いほど効率性が高いと評価することが可能となる．

3　PPS（production possibility set）は生産可能集合の意である．

都道府県の生産活動の効率性評価（CCR モデル）

目的関数　$\dfrac{1}{\theta} = \max \eta$　　　　　　　　　　　　　　　　　　(4.6)

制約式　$\displaystyle\sum_{j=1}^{J} x_{nj}\lambda_j \leqq x_{no},$　　　$(n = 1, 2, \cdots, N),$　　　　(4.7)

　　　　$\displaystyle\sum_{j=1}^{J} y_{mj}\lambda_j \geqq \eta y_{mo},$　　　$(m = 1, 2, \cdots, M),$　　　　(4.8)

　　　　$\lambda_j \geqq 0,$　　　$(j = 1, 2, \cdots, J).$

4.2.2.2　データ

　データは独立行政法人経済産業研究所の R-JIP データベース（Regional-Level Japan Industrial Productivity Database；都道府県別産業生産性データベース）[文献20] を使用する．労働者数には，各都道府県の就業者数（単位：人）のうち産業計を用いた．産業計の内訳は，農林水産業，鉱業，食料品，繊維，パルプ・紙，化学，石油・石炭製品，窯業・土石製品，一次金属，金属製品，一般機械，電気機械，輸送用機械，精密機械，その他の製造業，建設業，電気・ガス・水道業，卸売・小売業，金融・保険業，不動産業，運輸・通信業，サービス業（民間，非営利），サービス業（政府）である．就業者数は，労働力人口から完全失業者数を除いたものである．

　民間資本ストックは，企業が日々の生産活動に必要とし長期にわたって保有する施設・設備などの有形固定資産と無形固定資産を金額で示したものである．各都道府県の民間資本ストックは各都道府県の実質資本ストック（単位：100 万円）の産業計を用いた．産業計の内訳は，R-JIP の就業者数の産業区分と同じである．

　社会資本ストックは，道路などの施設・構造物の社会資本全体を評価した額であり，長期計画に基づき整備されている．私たちの日々の生活と企業の生産活動を支え，地域の基盤となる資本である．各都道府県の社会資本ストックは，R-JIP 社会資本（単位：100 万円）を用いた．R-JIP 社会資本の内訳は，有料道路以外の道路，治水，治山，海岸，都市公園である．

　都道府県 GRP は，R-JIP の実質付加価値の産業計（単位：100 万円）を用いた．産業計の内訳は，R-JIP の就業者数の産業区分と同じである．

　実質資本ストック，R-JIP 社会資本，実質付加価値は，2000 年基準価格である．

表 4.2　基本統計量(2012 年)

	就業者数産業計 (単位：人)	実質資本ストック 産業計(単位：100 万円・2000 年基準)	R-JIP 社会資本 (単位：100 万円・ 2000 年基準)	実質付加価値の 産業計(単位：100 万円・2000 年基準)
平均	1337274	24708478	3806586	11076313
中央値	820994	15227474	2897942	6601329
標準偏差	1456526	24705517	2523981	13536246
最大	8655340	136415568	16002733	84737891
最小	300269	5007721	1408831	2149100

　各都道府県の生産活動は R-JIP で公表されている 2012 年データを活用する.
就業者数,実質資本ストック,R-JIP 社会資本,実質付加価値の基本統計量
は表 4.2 のとおりである.なお,本章は付録(170〜173 ページ)のデータを使用
する.

4.2.2.3　結果

　図 4.1 の生産構造をもとに式(4.6)〜式(4.8)の目的関数と制約式による各都
道府県の効率値を推計した.推計結果は表 4.3 のとおりである.

表 4.3　CCR による都道府県の生産活動の効率性評価の結果(2012 年)

都道府県	CCR 効率値	都道府県	CCR 効率値	都道府県	CCR 効率値	都道府県	CCR 効率値
北海道	0.654	東京都	1.000	滋賀県	0.941	香川県	0.764
青森県	0.616	神奈川県	0.830	京都府	0.838	愛媛県	0.701
岩手県	0.695	新潟県	0.714	大阪府	0.816	高知県	0.625
宮城県	0.781	富山県	0.790	兵庫県	0.786	福岡県	0.735
秋田県	0.835	石川県	0.792	奈良県	0.665	佐賀県	0.689
山形県	0.809	福井県	0.824	和歌山県	0.691	長崎県	0.720
福島県	0.779	山梨県	0.972	鳥取県	0.707	熊本県	0.769
茨城県	0.811	長野県	1.000	島根県	0.698	大分県	0.761
栃木県	0.949	岐阜県	0.754	岡山県	0.712	宮崎県	0.697
群馬県	0.769	静岡県	0.902	広島県	0.821	鹿児島県	0.705
埼玉県	0.712	愛知県	0.894	山口県	0.789	沖縄県	0.575
千葉県	0.738	三重県	1.000	徳島県	0.899		

　この推計結果によると東京都,長野県,三重県が効率的な生産活動を行って
いる都道府県であることが認められた.このとき,各都道府県が参照している

表 4.4　各都道府県が参照している都道府県（λ の値）

都道府県	東京都	長野県	三重県	都道府県	東京都	長野県	三重県
北海道	0.000	1.242	1.302	滋賀県	0.024	0.000	0.492
青森県	0.000	0.110	0.596	京都府	0.144	0.000	0.000
岩手県	0.078	0.000	0.000	大阪府	0.450	0.000	0.551
宮城県	0.057	0.383	0.214	兵庫県	0.123	0.041	1.386
秋田県	0.000	0.314	0.173	奈良県	0.002	0.411	0.000
山形県	0.028	0.302	0.000	和歌山県	0.000	0.251	0.185
福島県	0.016	0.525	0.230	鳥取県	0.000	0.257	0.000
茨城県	0.077	0.000	0.837	島根県	0.000	0.151	0.208
栃木県	0.051	0.164	0.414	岡山県	0.032	0.225	0.440
群馬県	0.053	0.219	0.341	広島県	0.041	0.662	0.335
埼玉県	0.225	0.598	0.252	山口県	0.000	0.212	0.479
千葉県	0.186	0.000	0.856	徳島県	0.000	0.119	0.244
東京都	1.000	0.000	0.000	香川県	0.020	0.187	0.110
神奈川県	0.332	0.000	0.827	愛媛県	0.000	0.473	0.155
新潟県	0.000	0.317	0.917	高知県	0.030	0.082	0.000
富山県	0.000	0.157	0.424	福岡県	0.169	0.660	0.171
石川県	0.000	0.255	0.345	佐賀県	0.000	0.186	0.239
福井県	0.000	0.033	0.411	長崎県	0.035	0.330	0.000
山梨県	0.000	0.289	0.102	熊本県	0.080	0.164	0.000
長野県	0.000	1.000	0.000	大分県	0.000	0.192	0.395
岐阜県	0.080	0.265	0.000	宮崎県	0.000	0.451	0.044
静岡県	0.092	0.234	1.006	鹿児島県	0.031	0.473	0.000
愛知県	0.350	0.000	1.056	沖縄県	0.000	0.073	0.564
三重県	0.000	0.000	1.000				

都道府県を表 4.4 に示す.

　表 4.4 のように本節の推計では 2012 年の効率値を定めるために各都道府県は東京都と長野県および三重県を見本として参照していた. 各都道府県はこの 3 都県以外の道府県は参照していなかった.

　例えば, 福岡県 GRP の効率値を決めている都道府県は, 効率的フロンティア上にある東京都と長野県および三重県であり,

　　　目指すべき福岡県 GRP

　　　　＝ 東京都 GRP×0.169＋長野県 GRP×0.660＋三重県 GRP×0.171

　　　≒ 23776278

の計算によって, 目指すべき値が定まる. その値は, 23776278（単位：100 万円）となった. 福岡県 GRP はこの年の観測値が, 17468240（単位：100 万円）であるため, 福岡県の効率値は, 式(4.6)～式(4.8)により,

　　　　　　　　$1÷(23776278÷17468240) ≒ 0.735$

で求まる．よって，2012 年の福岡県の効率値は，東京都と長野県および三重県を参照していること，そのうち長野県，三重県，東京都の順番で見本とするウェイトが大きいことがわかった．

ただし，各都道府県が参照するウェイトは複数解が存在する可能性があるためこの値を政策提言する場合は慎重に扱う必要がある．すなわち本節の各都道府県が参考とする都県を見本とする結果（表 4.4）は複数存在する最適解のうちのひとつであると考えられる．

なお，最も効率的と認められた東京都と長野県および三重県に関する考察は次節に示す．

4.3 ◆ SBM モデルによる 都道府県の生産活動の効率性評価

・・・・・・・・・・・・・・・・・・・・・・

4.3.1……SBM モデル

文献 [2] によると，CCR や BCC の DEA モデルは，次のような改善すべき点があるとしている．

- CCR モデルや BCC モデルでは，効率値 $\theta^* = 1$ と推計された場合であっても効率値と同時に投入要素の余剰と産出財の不足であるスラック[4] の値を確認する必要がある．s_n^{-*}, s_m^{+*} がいずれも 0，すなわちスラックの値が 0 であるときに効率的であるといえる．

- CCR モデルや BCC モデルでは，スラックの値が効率値に明示的に測定されない．スラックが発生していれば，その値を考慮し，効率値を推計する必要がある．

- CCR モデルや BCC モデルでは，N 種類ある投入要素すべてを一律に縮小させる提案あるいは M 種類ある産出財すべてを一律に拡大させる提案であり，必ずしも現実的とはいえない．実在する企業であれば，効率化のために投入要素（例えば投資額，従業員数）ごとに異なった比率で縮小化を行うはずである．

4　生産活動における投入要素と生産物について，投入要素の余剰を $s_n^- \in \mathbb{R}^N$，産出物の不足を $s_m^+ \in \mathbb{R}^M$ とする．

　これらを改善するために，文献[16]により SBM（slacks-based measure）モデルが提案された．SBM モデルのなかでも，入力指向型と出力指向型の両方の特性を兼ね備えた型を次のように示し，DMU$_o$ の効率値を推計するため分数計画問題を開発している．

SBM モデル

目的関数　$\min \rho_{\mathrm{SBM}} = \dfrac{1-\left(\dfrac{1}{N}\right)\sum\limits_{n=1}^{N}\dfrac{s_n^-}{x_{no}}}{1+\left(\dfrac{1}{M}\right)\sum\limits_{m=1}^{M}\dfrac{s_m^+}{y_{mo}}}$　　　　　　　　　　(4.9)

制約式　$\sum\limits_{j=1}^{J} x_{nj}\lambda_j = x_{no}-s_n^-, \qquad (n=1,2,\cdots,N),$　　　　(4.10)

　　　　$\sum\limits_{j=1}^{J} y_{mj}\lambda_j = y_{mo}+s_m^+, \qquad (m=1,2,\cdots,M),$　　　　(4.11)

　　　　$\lambda_j \geqq 0,\ \ s_n^- \geqq 0,\ \ s_m^+ \geqq 0, \qquad (j=1,2,\cdots,J).$

　この SBM モデルの最適値を ρ_{SBM}^* とする．なお式(4.9)〜式(4.11)は規模に関して収穫一定（CRS）のモデルである．規模に関して収穫可変（VRS）のモデルは以下の制約式(4.12)を式(4.9)〜式(4.11)に追加する．

$$\sum_{j=1}^{J} \lambda_j = 1 \qquad\qquad\qquad\qquad (4.12)$$

SBM モデルの ρ_{SBM} は，

$$0 \leqq \rho_{\mathrm{SBM}} \leqq 1 \qquad\qquad\qquad\qquad (4.13)$$

を満たしている．

　SBM モデルにおける最も効率的な値は，$\rho_{\mathrm{SBM}}^* = 1$ である．そしてこの値は，$s_n^- = 0$ かつ $s_m^+ = 0$ のときのみ成立する．このことから SBM モデルの効率値は，投入要素と産出財のスラックによる非効率の影響を活かした効率値といえる．式(4.9)より SBM モデルで非効率な DMU$_o$ は，投入要素の余剰 s_n^- を減少させ，かつ産出財の不足 s_m^+ を解消していくことで効率的な状態へ改善される．

　本節は，投入要素の余剰と生産物の不足を同時に効率値に反映できるように考慮すること，ならびに投入要素と生産物のスラックの値を明らかにする目的で，SBM モデルによる推計を行う．

4.3.2……SBM モデルによる都道府県の生産活動の効率性評価

4.3.2.1 都道府県の生産構造

本節でも，[12]の多要素生産性の考え方をベースに都道府県の生産活動の効率性評価を行いたい．各都道府県の産業は生産活動を行うための基盤として労働力と民間資本および社会資本が必要である．

文献[5]では，文献[17]における動的で部門を考慮した生産構造をもとに生産効率性を求める評価手法を参考に改良したダイナミック・ネットワークDEA モデルを示している．このモデルは都道府県の人的資本部門と民間資本および社会資本部門の各部門を考慮し，各部門が共同で生産活動を担い都道府県 GRP を産出する生産構造による都道府県の生産効率性を評価することができるという特徴がある．そして，民間資本および社会資本の蓄積の必要性以上に人材の質を考慮した人的資本の確保を促進するべきであると述べている．

そこで，生産活動に投入する要素を，労働者数，民間資本ストック，社会資本ストックとする．その生産活動による生産物を都道府県の生産活動の成果を示す指標である都道府県 GRP とする．そして SBM モデルの特徴を生かし投入要素は個々に制約する．ただし，各都道府県の労働力としてすでに就業している人々に対して労働者数を減らすべきであるという政策提言をすることは望ましくない．この点を考慮してモデルを作成する．

各都道府県の産業が生産活動を行うための基盤として生産活動に向けて投入する要素を，労働者数$(x_{o,\mathrm{L}})$[5]，民間資本ストック$(x_{o,\mathrm{PC}})$，社会資本ストック$(x_{o,\mathrm{SOC}})$とする．生産活動による生産物を都道府県の生産活動の成果を示す指標である都道府県 GRP (y_o)とする．

これら3つの投入要素と1つの生産物を用い，モデルとして示したものが図4.2(次ページ)の都道府県の生産構造である．

そして，このモデルの効率性評価を式(4.14)〜式(4.18)で行う．

5　労働者数は非自由裁量とし，労働者数の余剰を認めないこととする．

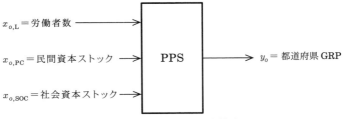

図4.2　都道府県の生産構造

都道府県の生産活動の効率性評価（SBM モデル）

目的関数　　$\min \rho_{\mathrm{SBM}}$

$$= \frac{W_{\mathrm{PC}}\left\{1-\left(\dfrac{1}{N_{\mathrm{PC}}}\right)\sum\limits_{n=1}^{N_{\mathrm{PC}}}\dfrac{s_{n,\mathrm{PC}}^{-}}{x_{no,\mathrm{PC}}}\right\}+W_{\mathrm{SOC}}\left\{1-\left(\dfrac{1}{N_{\mathrm{SOC}}}\right)\sum\limits_{n=1}^{N_{\mathrm{SOC}}}\dfrac{s_{n,\mathrm{SOC}}^{-}}{x_{no,\mathrm{SOC}}}\right\}}{1+\left(\dfrac{1}{M}\right)\sum\limits_{m=1}^{M}\dfrac{s_{m}^{+}}{y_{mo}}}$$

$$(4.14)$$

制約式　　$\displaystyle\sum_{j=1}^{J} x_{nj,\mathrm{L}}\lambda_j \leqq x_{no,\mathrm{L}}, \qquad (n=1,2,\cdots,N_{\mathrm{L}}),$　　　　　　(4.15)

$\displaystyle\sum_{j=1}^{J} x_{nj,\mathrm{PC}}\lambda_j = x_{no,\mathrm{PC}}-s_{n,\mathrm{PC}}^{-}, \qquad (n=1,2,\cdots,N_{\mathrm{PC}}),$　　　(4.16)

$\displaystyle\sum_{j=1}^{J} x_{nj,\mathrm{SOC}}\lambda_j = x_{no,\mathrm{SOC}}-s_{n,\mathrm{SOC}}^{-}, \qquad (n=1,2,\cdots,N_{\mathrm{SOC}}),$　　　(4.17)

$\displaystyle\sum_{j=1}^{J} y_{mj}\lambda_j = y_{mo}+s_{m}^{+}, \qquad (m=1,2,\cdots,M),$　　　　　(4.18)

$\lambda_j \geqq 0, \ s_{n,\mathrm{PC}}^{-} \geqq 0, \ s_{n,\mathrm{SOC}}^{-} \geqq 0, \ s_{m}^{+} \geqq 0, \qquad (j=1,2,\cdots,J).$

　この SBM モデルの最適値を ρ_{SBM}^{*} とする．なお，規模に関して収穫一定（CRS）のモデルである．さらに，本節の推計では民間資本ストックと社会資本ストックは都道府県の生産活動に対する貢献度のウェイトが等しいと仮定して，W_{PC} と W_{SOC} をそれぞれ $\dfrac{1}{2}$ とする．

$$W_{\mathrm{PC}} = W_{\mathrm{SOC}} = \frac{1}{2}$$

4.3.2.2　データ

　独立行政法人経済産業研究所 R-JIP データベースの 2017 年のデータ R-JIP2017 を活用する．労働者数には就業者数（単位：人）の産業計，民間資本ス

表 4.5　SBM モデルによる都道府県の生産活動の効率性評価の結果 (2012 年)

都道府県	SBM効率値	民間資本ストックのスラック値（単位：100 万円）	社会資本ストックのスラック値（単位：100 万円）	都道府県 GRP のスラック値（単位：100 万円）
北海道	0.348	23568500	13706800	0
青森県	0.342	8015010	2129280	0
岩手県	0.458	3228980	2042770	0
宮城県	0.551	5449100	1886550	0
秋田県	0.468	2591000	2322350	0
山形県	0.501	1965710	2382240	0
福島県	0.503	5078570	2304840	0
茨城県	0.519	9617310	1744280	1963920
栃木県	0.652	3262160	1363310	44367
群馬県	0.536	5986790	1631800	0
埼玉県	0.561	14990700	3336940	0
千葉県	0.528	21307100	2483090	0
東京都	1.000			
神奈川県	0.638	24850500	2403510	0
新潟県	0.383	11440400	4631540	0
富山県	0.438	4601920	1851650	0
石川県	0.472	2848330	1501550	896723
福井県	0.434	3100970	1386660	360424
山梨県	0.640	404963	1455940	0
長野県	1.000	0	0	0
岐阜県	0.482	4054660	3472320	0
静岡県	0.606	9221480	2926510	0
愛知県	0.686	20865300	2603340	0
三重県	1.000	0	0	0

トックには実質資本ストック（単位：100 万円）の産業計，社会資本ストックには R-JIP 社会資本（単位：100 万円），都道府県 GRP として実質付加価値の産業計（単位：100 万円）を用いた．データの詳細な説明は，第 4.2.2 節に示したとおりである．

　実質資本ストック，R-JIP 社会資本，実質付加価値は，2000 年基準価格である．各都道府県の生産活動の効率性を評価するための投入要素と生産物の基本統計量は第 4.2.2.2 節の表 4.2（146 ページ）のとおりである．

4.3.2.3　結果

　図 4.2 の生産構造をもとに式 (4.14)～式 (4.18) の目的関数と制約式による各都道府県の効率値を推計した．推計結果は表 4.5（152～153 ページ）のとおりで

都道府県	SBM 効率値	民間資本ストックのスラック値（単位：100 万円）	社会資本ストックのスラック値（単位：100 万円）	都道府県 GRP のスラック値（単位：100 万円）
滋賀県	0.625	4558620	852265	0
京都府	0.623	0	1631120	1980310
大阪府	0.730	16606300	2095600	0
兵庫県	0.534	16633400	3505780	0
奈良県	0.420	2864670	1807480	0
和歌山県	0.392	3580570	1857940	0
鳥取県	0.421	1547990	1544090	0
島根県	0.352	3160570	2379510	0
岡山県	0.464	7184190	1894260	0
広島県	0.544	3207850	2720430	2005000
山口県	0.459	3801640	1707240	973767
徳島県	0.474	2097450	1538680	0
香川県	0.522	2616110	926117	0
愛媛県	0.422	4549660	2453660	0
高知県	0.368	2156010	2140710	0
福岡県	0.563	11447100	3118960	0
佐賀県	0.387	3766740	1608340	0
長崎県	0.472	3241520	2054490	0
熊本県	0.514	175626	2113550	1945210
大分県	0.430	4773710	1845470	0
宮崎県	0.443	3264230	1769750	0
鹿児島県	0.450	4114230	2831310	0
沖縄県	0.306	7785450	2254080	0

ある．効率的な都道府県は，東京都，長野県，三重県となった．東京都は，GRP 額が全国第 1 位であり，投入要素に対する GRP 額が他の道府県と比較にならないほど多くの額を産出していることが影響して効率的であると推計されたと考えられる．日本はサービス業と比較して製造業の生産性が高いとされており，長野県，三重県は実質付加価値の産業計に対する製造業の付加価値の割合が全国の第 1 位と第 2 位である[6]ため，効率的な生産活動が行われていると評価されたと考えられる．

そして，SBM 効率値を評価すると同時に，民間資本ストック（単位：100 万円），社会資本ストック（単位：100 万円）が過剰に配分されている額と，都道府県 GRP（単位：100 万円）が本来より不足している額をスラック値として示した．

6　長野県が第 1 位 58.8%，三重県が第 2 位 58.7%，滋賀県が第 3 位 56.7% である．

　ただし，先述のとおり各都道府県のスラック値は複数解が存在する可能性があるため，この値を政策提言する場合は慎重に扱う必要がある．すなわち本節のスラック値の結果は複数存在する最適解のうちの1つであると考えられる．

4.4 ◆ SBM モデルによる
　都道府県の生産活動の効率性をもたらす要因
·······················

4.4.1······トービットモデル回帰分析

　トービットモデル回帰分析はトービン[文献15]が最初に用いた．トービットモデル（Tobit model）は，一般の回帰分析とは異なり，被説明変数 y がある条件を満足したときだけ分析することができる．基本的なトービットモデル回帰分析は，被説明変数 y が負の値をとらないモデルであり，以下のように推定できる．β_0 は定数項，ε は誤差項である．

$$y^* = \beta_0 + \beta_1 x_1 + \beta_2 x_2 + \cdots + \beta_k x_k + \varepsilon, \tag{4.19}$$

$$y = \begin{cases} y^* & y^* > 0 \\ 0 & y^* \leqq 0. \end{cases} \tag{4.20}$$

　y^* が負のときは0として観測する．トービットモデルは被説明変数が限られた範囲の値をとる場合に用いられる．本章の SBM モデルの効率値は $0 \leqq \rho_{\mathrm{SBM}}^* \leqq 1$ であり，本節はこの値を被説明変数とするため，トービットモデルによる回帰分析を行う．

4.4.2······要因分析

　被説明変数を第4.3節で都道府県の生産活動の効率性を評価した効率値（$\rho_{\mathrm{SBM},j}^*$）とする．都道府県の生産活動の効率性をもたらす要因を探るため，各都道府県の人口密度（PopDen$_j$），各都道府県の実質付加価値の産業計に対する製造業の付加価値の割合（Man$_j$），各都道府県の実質付加価値の産業計に対するサービス業の付加価値の割合（Serv$_j$）を説明変数とする．ただし，都道府県内の製造業の付加価値の割合とサービス業の付加価値の割合をそれぞれ説明変数として1つの式に同時に用いて回帰分析を行う場合，多重共線性の問題が発生する可能性があり，それを回避する目的で回帰分析を2つに分ける．

　データは独立行政法人経済産業研究所の R-JIP[文献20]と総務省統計局「社会・人口統計体系 統計でみる都道府県のすがた 2014」[文献22]を使用する．人口密度

は，R-JIP[文献20]の 2012 年の人口（単位：人）を「統計でみる都道府県のすがた
2014」[文献22]の 2012 年の総面積（単位：km²）で割って求めた．実質付加価値の産
業計に対する製造業の付加価値の割合と実質付加価値の産業計に対するサービ
ス業の付加価値の割合は R-JIP[文献20]の産業別の実質付加価値の値を推計して
求めた．

　人口密度と実質付加価値の産業計に対する製造業の付加価値の割合および実
質付加価値の産業計に対するサービス業の付加価値の割合の基本統計量は表 4.
6 のとおりである．

表 4.6　基本統計量（2012 年）

	都道府県の SBM 効率値	都道府県の人口密度 （単位：人 /km²）	実質付加価値の産業 計に対する製造業の 付加価値の割合	実質付加価値の産業 計に対するサービス 業の付加価値の割合
平均	0.525	654	0.383	0.595
中央値	0.482	272	0.388	0.592
標準偏差	0.156	1168	0.107	0.104
最大	1.000	6044	0.588	0.832
最小	0.306	65	0.147	0.393

そして，トービットモデル回帰分析の式は以下のとおりとする．

$$\rho^*_{\text{SBM},j} = \alpha_0 + \alpha_1 \text{PopDen}_j + \alpha_2 \text{Man}_j + \varepsilon_j \tag{4.21}$$

$$\rho^*_{\text{SBM},j} = \beta_0 + \beta_1 \text{PopDen}_j + \beta_2 \text{Serv}_j + \varepsilon_j \tag{4.22}$$

$\rho^*_{\text{SBM},j}$：SBM モデルの効率値

PopDen_j：都道府県の人口密度

Man_j：実質付加価値の産業計に対する製造業の付加価値の割合

Serv_j：実質付加価値の産業計に対するサービス業の付加価値の割合

α_0, β_0：定数項

$\alpha_1, \alpha_2, \beta_1, \beta_2$：パラメータ

ε_j：誤差項

　トービットモデル回帰分析（4.21）の推計結果は表 4.7（次ページ）のとおりで
ある．都道府県の生産活動の効率性を大きくする要因は，都道府県の人口密度
が 1% 水準で正の有意性，実質付加価値の産業計に対する製造業の付加価値の
割合が 1% 水準で正の有意性が認められた．

表 4.7 (4.21)によるトービットモデル回帰分析(注：***, **, * はそれぞれ有意水準 1%, 5%, 10%.)

	係数	標準誤差	Z	$P(z>Z^*)$	95% 信頼区間	
α	.11719**	0.05868	2	0.0458	0.00219	0.23219
PopDen	.96879D-04***	.1282D-04	7.55	0	.71742D-04	.12202D-03
Man	.89891***	0.14007	6.42	0	0.62438	1.17344

さらにトービットモデル回帰分析(4.22)の推計結果は表 4.8 のとおりである. 都道府県の生産活動の効率性を大きくする要因は，人口密度が 1% 水準で正の有意性，実質付加価値の産業計に対するサービス業の付加価値の割合が 1% 水準で負の有意性が認められた.

表 4.8 (4.22)によるトービットモデル回帰分析(注：***, **, * はそれぞれ有意水準 1%, 5%, 10%.)

	係数	標準誤差	Z	$P(z>Z^*)$	95% 信頼区間	
β	1.02018***	0.08713	11.71	0	0.8494	1.19096
PopDen	.00010***	.1335D-04	7.8	0	0.00008	0.00013
Serv	$-.94780$***	0.14994	-6.32	0	-1.24167	-0.65393

SBM モデルによる都道府県の生産活動の効率性を大きくするために，都道府県の人口密度を大きくすること，実質付加価値の産業計に対する製造業の付加価値の割合をさらに大きくすること，実質付加価値の産業計に対するサービス業の付加価値の割合をより小さくすることが望ましいといえよう.

なお，ブートストラップ法による回帰分析で要因を探る方法も考えられる.

4.5 ◆ 温室効果ガス排出量の抑制を考慮した 都道府県の生産活動の効率性評価

4.5.1……温室効果ガス排出量の抑制

地球温暖化の原因とされる温室効果ガスは生産活動の過程で排出されており環境問題の 1 つと捉えられている(環境省・経済産業省(2012))[7]. よって，各都道府県内の企業は生産活動を行うと同時に温室効果ガス排出量の抑制にも配慮する義務がある. 文献[14]では，環境汚染を防止することと経済発展をバランスよく行うことは持続可能な社会基盤を維持するための大きな政策課題である

と述べ，温室効果ガス排出量を抑制し大気汚染を減らす目的で技術革新へ向けた資本投資が必要であることを示している．そのため，地球温暖化への影響を危惧し，各地方自治体と企業は協力して温室効果ガス排出量を抑制しようと力を注いでいる（環境省・経済産業省(2012)）．

　本節は都道府県から排出される温室効果ガス排出量を抑制しつつ都道府県 GRP の伸張を目指す都道府県の生産構造を示し都道府県の生産効率性の評価を行いたい．すなわち，このモデルの特徴は，都道府県の生産活動から望ましい産出財として都道府県 GRP を産出すると同時に，望ましくない産出財として放出される温室効果ガスの排出量の抑制を考慮に入れるところである．

　企業は生産活動を行うことによって望ましい生産物である製品が生産され，同時に望ましくない生産物（副産物）である温室効果ガスを排出している．環境省・経済産業省(2012)によると，業種別排出量のうち製造業の温室効果ガス排出量は，86.8% である[8]．

　文献[6]では地球温暖化を防ぐために日本のエネルギー効率要因と経済活動の関係について研究し，その中で，化学・セラミックス・鉄鋼・金属製品・紙パルプ産業をエネルギー集約型産業と定め，エネルギー集約型産業が数多く存在する都道府県のエネルギー効率性が悪化していることを明らかにしている．他方，文献[10]では Kuosmanen 技術[9]と Färe et al. 技術[10]を用い，労働力と民間資本ストックを投入要素，年間実質生産額と CO_2 排出量を生産物として DEA で推計し，社会資本とエネルギー集約型産業（紙パルプ・化学・非金属鉱物製品・一次金属）のシェアが全要素生産性と技術変化にマイナスの影響を与える要因であるとしている．

　さらに，文献[7]では，労働力とエネルギーおよび社会資本を投入要素とし，副産物として発生する炭素排出量，SO_x 排出量，NO_x 排出量，ゴミ排出量を用いて日本国内の製造業の環境効率を地域ごとに論議し，日本の製造業は技術革新のために資本を支出するべきであること，並びに温室効果ガス排出量と大気

7　環境省地球環境局地球温暖化対策課・経済産業省産業技術環境局環境経済室(2012)．「地球温暖化対策の推進に関する法律に基づく温室効果ガス排出量算定・報告・公表制度による平成 21(2009)年度温室効果ガス排出量」の集計結果．以降，「環境省・経済産業省(2012)」と略す．

8　環境省・経済産業省(2012)．「業種別の実排出量（特定事業所）」，p. 31.

9　文献[8, 9]を参照されたい．

10　文献[3, 4]を参照されたい．

汚染を削減する取り組みが必要であることを提言している.

そして，文献[19]では人的資本部門，物的資本部門，エネルギー部門および中間投入部門を投入要素とし，温室効果ガス排出量の抑制を考慮しつつ都道府県GRPを高めるモデルを示している．生産効率性と都道府県人口密度および市場アクセスの容易さなどの集積の経済との関係性や各都道府県の全産業に対する第3次産業の生産額の割合との関係性，またエネルギー消費量に関連した指標との関係性を論議している．温室効果ガス排出量の抑制を考慮しつつ都道府県GRPを大きくすることを目的とした都道府県の生産効率性を大きくするためには人口密度を大きくすること，市場アクセス度を大きくすることが望ましいとしている．そして，全産業に対する第3次産業の生産額の割合が大きくなると都道府県の生産効率性が大きくなるとしている．さらに，製造業のエネルギー消費量の割合が増えると都道府県の生産効率性が小さくなるとしている．

本節の推計は，SBMモデルを用いる．SBMモデルは入力要素と生産物が複数ある場合に，それぞれ異なる比率で推計が可能である点と，効率値を推計するとき，同時に非効率である事業体に具体的な数値による改善案を提示することができるからである.

各都道府県の企業は環境負荷を低減させつつ生産活動の効率性の向上を模索するべきであり，このような形態を考慮できる推計モデルを活用することによって環境保全を考慮に入れた都道府県の生産効率性を推計することができる.

そこで，本節では各都道府県の生産構造を労働力，民間資本ストック，社会資本ストック，エネルギー消費量の4つの要素を投入し，温室効果ガス排出量を抑制することを考慮しつつ都道府県GRPの向上を目指した都道府県の生産活動の効率性評価を行うSBMモデルを考える.

4.5.2……温室効果ガス排出量の抑制を考慮した 都道府県の生産活動の効率性評価

4.5.2.1　温室効果ガス排出量の抑制を考慮した生産構造

本節も文献[12]の多要素生産性の考え方をベースに都道府県の生産活動の効率性評価を行う．各都道府県の企業は生産活動を行うための基盤として労働力と民間資本および社会資本が必要である．そこで，生産活動に投入する要素を，労働者数，民間資本ストック，社会資本ストックとする．その生産活動による生産物を都道府県の生産活動の成果を示す指標である都道府県GRPとする.

そして，SBM モデルの特徴を生かし投入要素と産出財は個々に制約する．ただし，各都道府県の労働力としてすでに就業している人々に対して労働者数を減らすべきであるという政策提言をすることは望ましくない．この点を考慮してモデルを作成する．

　以上の考え方を土台にエネルギー消費量の削減と温室効果ガス排出量の抑制を考慮する．

　各都道府県の産業が生産活動を行うための基盤として，労働力と民間資本および社会資本が必要である．本節ではさらに CO_2 排出量の抑制を考慮する．そのため，図 4.3 の生産構造には都道府県の生産活動で実際に使用したエネルギー量であるエネルギー消費量の投入を同時に考慮する．生産活動に投入する要素を，労働者数 $(x_{o,L})$ [11]，民間資本ストック $(x_{o,PC})$，社会資本ストック $(x_{o,SOC})$，エネルギー消費量 $(x_{o,EC})$ とする．生産活動による産出財を都道府県の生産活動の成果を示す指標である都道府県 GRP (y_o) と副産物である CO_2 排出量 $(b_{o,EC})$ [12] とする．

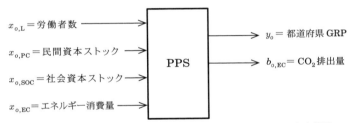

図 4.3　温室効果ガス排出量の抑制を考慮した都道府県の生産構造

　これら 4 つの投入要素と 2 つの産出財のモデルが図 4.3 に示した都道府県の生産構造である．

　そして，このモデルの生産活動の効率性評価を次ページの式 (4.23)～式 (4.29) で行う．

11　労働者数は非自由裁量とし，労働者数の余剰を認めないこととする．
12　CO_2 排出量は望ましくない産出財（副産物）である．

温室効果ガス排出量の抑制を考慮した都道府県の生産活動の効率性評価（SBMモデル）

目的関数　　$\min \rho_{EC}$

$$= \frac{1-\left\{\dfrac{1}{N_{PC}+N_{SOC}+N_{EC}+L_{EC}}\left(\sum\limits_{n=1}^{N_{PC}}\dfrac{s_{n,PC}^{-}}{x_{no,PC}}+\sum\limits_{n=1}^{N_{SOC}}\dfrac{s_{n,SOC}^{-}}{x_{no,SOC}}+\sum\limits_{n=1}^{N_{EC}}\dfrac{s_{n,EC}^{-}}{x_{no,EC}}+\sum\limits_{l=1}^{L_{EC}}\dfrac{s_{lo,EC}^{-}}{b_{lo,EC}}\right)\right\}}{1+\left(\dfrac{1}{M}\right)\sum\limits_{m=1}^{M}\dfrac{s_{m}^{+}}{y_{mo}}}$$

$$(4.23)$$

制約式　　$\sum\limits_{j=1}^{J} x_{nj,L}\lambda_j \leqq x_{no,L}, \qquad (n=1,2,\cdots,N_L),$　　　　(4.24)

$$\sum\limits_{j=1}^{J} x_{nj,PC}\lambda_j = x_{no,PC}-s_{n,PC}^{-}, \qquad (n=1,2,\cdots,N_{PC}),$$　　　(4.25)

$$\sum\limits_{j=1}^{J} x_{nj,SOC}\lambda_j = x_{no,SOC}-s_{n,SOC}^{-}, \qquad (n=1,2,\cdots,N_{SOC}),$$　　(4.26)

$$\sum\limits_{j=1}^{J} x_{nj,EC}\lambda_j = x_{no,EC}-s_{n,EC}^{-}, \qquad (n=1,2,\cdots,N_{EC}),$$　　(4.27)

$$\sum\limits_{j=1}^{J} y_{mj}\lambda_j = y_{mo}+s_{m}^{+}, \qquad (m=1,2,\cdots,M),$$　　　　(4.28)

$$\sum\limits_{j=1}^{J} b_{lj,EC}\lambda_j = b_{lo,EC}-s_{l,EC}^{-}, \qquad (l=1,2,\cdots,L_{EC}),$$　　(4.29)

$$\lambda_j \geqq 0, \ s_{n,PC}^{-} \geqq 0, \ s_{n,SOC}^{-} \geqq 0, \ s_{n,EC}^{-} \geqq 0,$$

$$s_{m}^{+} \geqq 0, \ s_{l,EC}^{-} \geqq 0, \qquad (j=1,2,\cdots,J).$$

　このSBMモデルの最適値をρ_{EC}^{*}とする．なお，規模に関して収穫一定（CRS）のモデルである．そして，温室効果ガス排出量の抑制を考慮する式(4.29)は，文献[13]における弱い処分可能性（Weak disposability of output）を仮定している．

4.5.2.2　データ

　独立行政法人経済産業研究所 R-JIP データベースの 2017 年のデータ R-JIP2017[文献20]を活用する．労働者数には就業者数（単位：人）の産業計，民間資本ストックには実質資本ストック（単位：100万円）の産業計，社会資本ストックには R-JIP 社会資本（単位：100万円），都道府県 GRP として実質付加価値の産業計（単位：100万円）を用いた．データの詳細な説明は，第4.2.2節に示した

とおりである.

　実質資本ストック, R-JIP 社会資本, 実質付加価値は, 2000 年基準価格である. 各都道府県の生産活動の効率性を評価するための投入要素と生産物の基本統計量は第 4.2.2.2 節の表 4.2(146 ページ)のとおりである.

　エネルギー消費量($x_{o,EC}$)は, 経済産業省・資源エネルギー庁が都道府県別エネルギー消費統計で公表している最終エネルギー消費量を用いる[文献21]. これらは産業部門(製造業・非製造業), 民生部門(家庭・業務)および運輸旅客部門のエネルギー消費量であり, 各都道府県の生産活動のために用いられるエネルギー量である. 単位は TJ (テラジュール)である.

　CO_2 排出量($b_{o,EC}$)は, 経済産業省・資源エネルギー庁が都道府県別エネルギー消費統計で公表している炭素単位表の炭素単位を活用し[文献21], 同庁が示すエネルギー起源 CO_2 排出量算定方法を用いて求める. 単位は Million t-CO_2 である.

　最終エネルギー消費量と CO_2 排出量の基本統計量は表 4.9 のとおりである.

表 4.9　基本統計量(2012 年)

	最終エネルギー消費量 (単位：TJ)	CO_2 排出量 (単位：Million t-CO_2)
平均	304002	23.641
中央値	161368	14.510
標準偏差	297940	19.833
最大	1391493	71.707
最小	44552	4.134

4.5.2.3　結果

　温室効果ガス排出量の抑制を考慮した都道府県の生産活動の効率性評価の推計によると, 東京都, 長野県, 三重県が環境に考慮しつつ効率的な生産活動を行っている都道府県であることが認められた. これらの都県に関わる考察は第 4.3.2.3 節に示したとおりである.

　さらに, 温室効果ガス排出量の抑制を考慮した都道府県の効率値を評価すると同時に, 民間資本ストック(単位：100 万円), 社会資本ストック(単位：100 万円)が過剰に配分されている額と, 都道府県 GRP (単位：100 万円)が本来より

表 4.10　温室効果ガス排出量の抑制を考慮した都道府県の生産活動の効率性評価の結果
(2012 年)

都道府県	温室効果ガス排出量の抑制を考慮したSBM 効率値	民間資本ストックのスラック値(単位：100 万円)	社会資本ストックのスラック値(単位：100 万円)	都道府県 GRP のスラック値(単位：100 万円)
北海道	0.308	11045400	12719100	7779020
青森県	0.314	4565440	1857200	2142790
岩手県	0.418	3228980	2042770	0
宮城県	0.474	5449100	1886550	0
秋田県	0.473	2591000	2322350	0
山形県	0.516	323539	2252720	1020070
福島県	0.459	5078570	2304840	0
茨城県	0.363	12778900	1993640	0
栃木県	0.598	3333580	1368950	0
群馬県	0.502	5986790	1631800	0
埼玉県	0.517	14990700	3336940	0
千葉県	0.346	12426900	1782680	5516210
東京都	1.000	0	0	0
神奈川県	0.490	24850500	2403510	0
新潟県	0.366	11440400	4631540	0
富山県	0.402	3334730	1751700	787147
石川県	0.481	4291930	1615410	0
福井県	0.426	3100970	1386660	360424
山梨県	0.763	818288	921795	0
長野県	1.000	0	0	0
岐阜県	0.443	4054660	3472320	0
静岡県	0.562	9221480	2926510	0
愛知県	0.547	20865300	2603340	0
三重県	1.000	0	0	0

不足している額をスラック値として表 4.10（162〜163 ページ）に示した．同時に，最終エネルギー消費量（単位：TJ）が過剰に活用されている量と CO_2 排出量（単位：Million t-CO_2）が過剰に排出されている量をスラック値として表 4.11（164〜165 ページ）に示した．抑制すべき CO_2 排出量が大きいと評価された道府県の中には火力発電所が設置されている地域も多く，その稼働による影響があったものと考えられる．

　ただし，各都道府県のスラック値は複数解が存在する可能性があるため，この値を政策提言する場合は慎重に扱う必要がある．すなわち本節のスラック値の結果（表 4.10 および表 4.11）は複数存在する最適解のうちの 1 つであると考えられる．

都道府県	温室効果ガス排出量の抑制を考慮したSBM効率値	民間資本ストックのスラック値（単位：100万円）	社会資本ストックのスラック値（単位：100万円）	都道府県GRPのスラック値（単位：100万円）
滋賀県	0.611	4558620	852265	0
京都府	0.595	3188010	1882560	0
大阪府	0.624	16606300	2095600	0
兵庫県	0.412	10386200	3013050	3880570
奈良県	0.430	2864670	1807480	0
和歌山県	0.275	3580570	1857940	0
鳥取県	0.427	1547990	1544090	0
島根県	0.390	1715530	2265530	897624
岡山県	0.286	7184190	1894260	0
広島県	0.379	3207850	2720430	2005000
山口県	0.288	3801640	1707240	973767
徳島県	0.473	2097450	1538680	0
香川県	0.409	1018030	800073	992685
愛媛県	0.299	1667070	2226300	1790590
高知県	0.351	88485	1977640	1284290
福岡県	0.435	1982580	2372470	5879100
佐賀県	0.411	3766740	1608340	0
長崎県	0.506	354011	1826740	1793650
熊本県	0.493	175626	2113550	1945210
大分県	0.269	4773710	1845470	0
宮崎県	0.408	3264230	1769750	0
鹿児島県	0.482	507353	2546830	2240500
沖縄県	0.361	4288150	1978240	2172440

表 4.11　温室効果ガス排出量の抑制を考慮した都道府県の生産活動の効率性評価の結果（2012 年）

都道府県	エネルギー消費量のスラック値（単位：TJ）	CO_2 排出量のスラック値（単位：Million t-CO_2）
北海道	416950	31.110
青森県	85775	7.070
岩手県	66990	6.309
宮城県	142950	9.701
秋田県	46548	3.926
山形県	26452	2.914
福島県	93721	9.278
茨城県	543249	31.009
栃木県	77253	6.634
群馬県	85220	7.358
埼玉県	206585	18.469
千葉県	1184140	51.502
東京都	0	0
神奈川県	738315	35.493
新潟県	172101	12.960
富山県	63809	6.727
石川県	40844	5.177
福井県	38403	4.533
山梨県	12076	1.239
長野県	0	0
岐阜県	110699	8.174
静岡県	174974	12.761
愛知県	515538	39.544
三重県	0	0

4.6 ◆ 温室効果ガス排出量の抑制を考慮した都道府県の生産活動の効率性をもたらす要因

4.4 節と同様にトービットモデル回帰分析を用いて温室効果ガス排出量の抑制を考慮した都道府県の生産活動の効率性をもたらす要因を探りたい.

ここでは，文献[6]および文献[10]の研究を参考に温室効果ガス排出量の抑制を考慮した都道府県の生産効率性とエネルギー消費量との関わり合いを論議する．経済産業省・資源エネルギー庁(2016)は都道府県別に製造業のエネルギー消費量と非製造業のエネルギー消費量を公表している[13]．各都道府県の最終エネルギー消費量全体[14]のうち製造業のエネルギー消費量を ECM (Energy consumption of the manufacturing sector)，非製造業のエネルギー消費量を

都道府県	エネルギー消費量のスラック値（単位：TJ）	CO_2 排出量のスラック値（単位：Million t-CO_2）
滋賀県	51116	5.485
京都府	72654	6.340
大阪府	399542	20.589
兵庫県	414549	34.319
奈良県	38821	3.380
和歌山県	191516	12.502
鳥取県	25606	2.315
島根県	19048	2.879
岡山県	651197	38.956
広島県	364436	36.428
山口県	494361	28.936
徳島県	29361	3.792
香川県	73353	6.621
愛媛県	232356	15.010
高知県	24295	2.933
福岡県	297481	28.065
佐賀県	34296	3.670
長崎県	16891	2.499
熊本県	45347	5.076
大分県	435857	27.357
宮崎県	59796	5.673
鹿児島県	28519	2.756
沖縄県	16193	4.115

ECN（Energy consumption of the non-manufacturing sector）とする．単位は TJ である．文献[6][15] と[10][16] では，エネルギー集約型産業の多くはエネルギー 活用が非効率であるとしている．各都道府県の企業には効率的なエネルギーの 活用が期待される．

13　経済産業省・資源エネルギー庁（2016）．「平成 28 年度エネルギー環境総合戦略調査（エネ ルギー消費量，CO_2 排出量の地域分割に関する調査研究）」経済産業省・資源エネルギー 庁・独立行政法人経済産業研究所．

14　都道府県別エネルギー消費統計の最終エネルギー消費量の部門は「産業部門（製造業・非 製造業）」，「民生部門（家庭・業務）」および「運輸旅客部門」である．

15　文献[6]，p. 825 は，化学・セラミックス・鉄鋼・金属製品・紙パルプをエネルギー集約型 産業と定めている．

16　文献[10]，p. 714 は，紙パルプ・化学・非金属鉱物製品・一次金属をエネルギー集約型産 業と定めている．

表 4.12　基本統計量(2012 年のデータ)

	温室効果ガス排出量の抑制を考慮した都道府県の SBM 効率値	製造業のエネルギー消費量(単位:TJ)	非製造業のエネルギー消費量(単位:TJ)
平均	0.476	179097	52369
中央値	0.435	66981	28541
標準偏差	0.170	226650	63958
最大	1.000	1120656	387331
最小	0.269	11453	9856

表 4.13　(4.30)によるトービットモデル回帰分析(注:***, **, * はそれぞれ有意水準 1%, 5%, 10%.)

	係数	標準誤差	Z	$P(z>Z^*)$	95% 信頼区間	
α	.45016***	0.02861	15.73	0	0.39408	0.50624
ECM	$-$.29444D$-$06***	.9589D$-$07	-3.07	0.0021	$-$.48239D$-$06	$-$.10649D$-$06
ECN	.15035D$-$05***	.3398D$-$06	4.42	0	.83741D$-$06	.21695D$-$05

　そこで,表 4.10(162〜163 ページ)の温室効果ガス排出量の抑制を考慮した都道府県の効率値($\rho^*_{\mathrm{EC},j}$)を被説明変数とし,各都道府県のエネルギー集約型産業を多く含む製造業のエネルギー消費量(ECM_j)とエネルギー集約度が低い産業が多い非製造業のエネルギー消費量(ECN_j)を説明変数として,式(4.30)のとおりトービットモデル回帰分析を行う.ここで γ_0 は定数項,ε_j は誤差項である.

$$\rho^*_{\mathrm{EC},j} = \gamma_0 + \gamma_1 \mathrm{ECM}_j + \gamma_2 \mathrm{ECN}_j + \varepsilon_j \qquad (4.30)$$

各指標の基本統計量は表 4.12 のとおりである.

　トービットモデル回帰分析(4.30)の推計結果は表 4.13 のとおりである.これによると温室効果ガス排出量の抑制を考慮した都道府県の生産活動の効率性を向上させる要因として,製造業のエネルギー消費量は 1% 水準で負の有意性,非製造業のエネルギー消費量は 1% 水準で正の有意性が認められた.

　このことから,温室効果ガス排出量の抑制を考慮した都道府県の生産活動の効率性を向上させるためには製造業のエネルギー消費量を抑制すること,非製造業のエネルギー消費量を伸長させることが望ましいといえよう.エネルギー集約型産業の数が多い製造業のエネルギー消費量を抑えることが好ましいとなった点は,文献[6]と文献[10]の研究と同様の結果となった.

4.7 ◆ まとめ

本章では，都道府県の産業構造をもとに生産活動の効率性を評価した．

その際，CCR モデルと SBM モデルの産業構造は投入要素を労働力，民間資本ストック，社会資本ストックとし，これらを活用して都道府県 GRP を産出するモデルとした．

CCR モデルでは，効率的な都道府県が東京都，長野県，三重県であることが認められた．ただし，複数ある投入要素または産出財を一律に縮小したり拡張したりする方法では各要素に個別に政策提言をすることが難しい．

そこで SBM モデルを用いて都道府県の生産活動の効率性を評価した．効率的な都道府県は CCR モデルと同様に東京都，長野県，三重県となった．東京都は都 GRP 額が国内の他の道府県よりも非常に大きいという特徴によること，長野県と三重県は国内で生産性が大きいとされる製造業の割合が大きいことによる影響があると考えられる．そして，効率値を評価すると同時に，民間資本ストック，社会資本ストックの余剰額と，都道府県 GRP が本来より不足している額をスラック値によって提示することができた．

続いてトービットモデル回帰分析を用いて SBM モデルによる都道府県の生産活動の効率性をもたらす要因を探った．都道府県の生産活動の効率性を大きくする要因として人口密度を大きくすること，実質付加価値の産業計に対する製造業の付加価値の割合を大きくすること，実質付加価値の産業計に対するサービス業の付加価値の割合を小さくすることが望ましいといえよう．

次に，SBM モデルで温室効果ガス排出量の抑制を考慮した都道府県の生産活動の効率性評価を行った．CCR モデルと SBM モデルの場合と同様に東京都，長野県，三重県が効率的な都道府県であることが認められた．さらに推計で得られたスラック値によって生産構造にある民間資本ストック，社会資本ストックの余剰額と最終エネルギー消費量の余剰量を示すことができた．同時に，都道府県 GRP の不足している額と抑制すべき温室効果ガス排出量を提示することができた．

トービットモデル回帰分析を用いて温室効果ガス排出量の抑制を考慮した都道府県の生産活動の効率性を評価する SBM モデルの効率性をもたらす要因を探った．製造業のエネルギー消費量は抑制すること，非製造業のエネルギー消費量は伸長させることが望ましいといえよう．

168

参考文献

[1] Charnes, A., Cooper, W.W. and Rhodes, E. (1978). Measuring the Efficiency of Decision marking Units, *European Journal of Operational Research*, 2(4), 429-444.

[2] Cooper, W.W., Seiford, L.M. and Tone, K. (2007). *Data Envelopment Analysis*, 2nd edition, Springer.

[3] Färe, R., Grosskopf, S. (2003). Nonparametric productivity analysis with undesirable outputs: comment, *American Journal of Agricultural Economics*, 85, 1070-1074.

[4] Färe, R., Grosskopf, S. (2009). A comment on weak disposability in nonparametric produc-tion analysis, *American Journal of Agricultural Economics*, 91, 535-538.

[5] Fukuyama, H., Hashimoto, A., Tone, K., Weber, L.W. (2018). Does human capital or physical capital constrain output in Japanese prefectures?, *Empirical Economics*, 54, 379-393.

[6] Honma, S., Hu, J.L. (2008). Total-factor energy efficiency of regions in Japan, *Energy Policy*, 36, 821-833.

[7] Goto, M., Otsuka, A., Sueyoshi, T. (2014). DEA (Data Envelopment Analysis) assessment of operational and environmental efficiencies on Japanese regional industries, *Energy*, 66, 535-549.

[8] Kuosmanen, T. (2005). Weak disposability in nonparametric production analysis with undesirable outputs, *American Journal of Agricultural Economics*, 87, 1077-1082.

[9] Kuosmanen, T., Podinovski, V. (2009). Weak disposability in nonparametric production analysis: Reply to Färe and Grosskopf, *American Journal of Agricultural Economics*, 91, 539-545.

[10] Nakano, M., Managi, S. (2010). Productivity analysis with CO_2 emissions in Japan, *Pacific Economic Review*, 15(5), 708-718.

[11] Mankiw, N.G. (2010). *Macroeconomics*, 7th edition, Worth Published.

[12] OECD (2001). Measuring Productivity OECD Manual Measurement of Aggregate and Industry-level Productivity Growth, Organization for Economic Co-operation and Development.

[13] Shephard, R.W. (1970). *Theory of Cost and Production Functions*, Princeton University Press.

[14] Sueyoshi, T., Goto, M. (2014). Investment strategy for sustainable society by development of regional economies and prevention of industrial pollution in Japanese manufacturing sectors, *Energy Economics*, 42, 299-312.

[15] Tobin, J. (1958). Estimation of Relationships for Limited Dependent Variables, *Econometrica*, 26(1), 24-36.

[16] Tone, K. (2001). A slacks-based measure of efficiency in data envelopment analysis, *European Journal of Operational Research*, 130(3), 498-509.

[17] Tone, K., Tsutsui, M. (2014). Dynamic DEA with network structure: a slacks-based measure approach, *Omega*, 42(1), 124-131.

[18] 刀根薫(1993).『経営効率性の測定と改善 —— 包絡分析法 DEA による』, 日科技連.

[19] 橋本敦夫・福山博文(2017).「温室効果ガス排出量の抑制を考慮した都道府県の生産性評価」『日本オペレーションズ・リサーチ学会和文論文誌』, 60, 1-19.

[20] 独立行政法人経済産業研究所 R-JIP データベース 2017,「R-JIP2017」.
https://www.rieti.go.jp/jp/database/R-JIP2017/
（2022 年 10 月 12 日アクセス）

[21] 経済産業省・資源エネルギー庁,「都道府県別エネルギー消費統計・最終エネルギー消費（Final Energy Consumption）・炭素単位」.
https://www.enecho.meti.go.jp/statistics/energy_consumption/ec002/results.html#headline2
（2022 年 10 月 12 日アクセス）

[22] 総務省統計局,「社会・人口統計体系 統計でみる都道府県のすがた 2014」.
https://www.e-stat.go.jp/stat-search/files?page=1&layout=datalist&toukei=00200502&kikan=00200&tstat=000001111975&cycle=0&result_page=1&second=1&second2=1&tclass1val=0
（2022 年 10 月 12 日アクセス）

付録

....

表 4. A1　第 4. 2～4. 5 節の推計に使用したデータ（2012 年）

No.	都道府県	就業者数産業計（単位：人）	実質資本ストック産業計（単位：100万円・2000年基準）	R-JIP 社会資本（単位：100万円・2000年基準）	実質付加価値の産業計（単位：100万円・2000年基準）	都道府県の人口密度（単位：人/km²）	実質付加価値の産業計に対する製造業の付加価値の割合	実質付加価値の産業計に対するサービス業の付加価値の割合
1	北海道	2641477	52677371	16002733	18081684	65	0.188	0.760
2	青森	676488	15227474	2698145	4480197	140	0.255	0.686
3	岩手	685551	10588114	2623199	4571306	85	0.327	0.628
4	宮城	1133237	19865274	3023587	8954961	319	0.343	0.641
5	秋田	524132	9888734	2897942	4533168	91	0.397	0.568
6	山形	595016	9701497	2992383	4805277	124	0.457	0.503
7	福島	961527	17431460	3279147	7673304	142	0.424	0.555
8	茨城	1434656	32228726	3527697	12081718	483	0.468	0.504
9	栃木	1012155	19214580	2621518	9864875	311	0.549	0.429
10	群馬	1030104	19012117	2659135	8091001	313	0.471	0.510
11	埼玉	2869613	47752673	5920958	20350932	1899	0.358	0.634
12	千葉	2402396	50290677	4769088	18003836	1201	0.318	0.665
13	東京	8655340	136415568	10759426	84737891	6044	0.179	0.821
14	神奈川	3632567	73477311	6238820	30205724	3753	0.342	0.655
15	新潟	1212945	26296940	5803317	9228529	186	0.405	0.567
16	富山	572763	12361959	2463701	4820340	255	0.466	0.519
17	石川	613881	12523631	2264662	5113326	278	0.435	0.552
18	福井	416829	9670558	1904818	3720437	191	0.476	0.510
19	山梨	429553	7841085	2175902	4296417	191	0.555	0.426
20	長野	1160646	19365487	4500090	11749288	157	0.588	0.393

21	岐阜	1003931	16107070	4422921	7486649	194	0.409	0.578
22	静岡	1994456	39191473	5290317	18616601	480	0.537	0.450
23	愛知	3998960	78772655	7170629	35970555	1438	0.464	0.529
24	三重	921477	21985008	3229221	10040886	319	0.587	0.399
25	滋賀	665609	15670272	1853122	6601329	352	0.567	0.424
26	京都	1271534	19675732	3182991	10241754	569	0.377	0.617
27	大阪	4405890	74029599	6624716	35669926	4659	0.260	0.739
28	兵庫	2386246	47995504	5979383	19481366	664	0.388	0.605
29	奈良	491996	8195072	2227903	3311109	377	0.237	0.748
30	和歌山	461332	8920221	2279095	3316853	209	0.378	0.592
31	鳥取	300269	5007721	1816966	2149100	166	0.345	0.627
32	島根	367248	7503673	2722060	2697826	105	0.361	0.614
33	岡山	943079	18387636	2777906	6959296	272	0.384	0.602
34	広島	1427357	25704211	4494773	11969174	336	0.400	0.590
35	山口	687803	14641997	2562248	5759989	234	0.406	0.582
36	徳島	362227	7655141	1977027	3452299	187	0.462	0.512
37	香川	489711	8736301	1408831	3801708	527	0.344	0.635
38	愛媛	692672	12584181	3087360	4990841	249	0.334	0.638
39	高知	355153	5686004	2419126	2192745	106	0.173	0.773
40	福岡	2384756	39568368	5336951	17468240	1021	0.246	0.743
41	佐賀	436035	8855094	2009673	3160757	346	0.418	0.551
42	長崎	686756	11177876	2680448	4929864	343	0.330	0.639
43	熊本	880267	14049394	3207812	6672818	244	0.400	0.565
44	大分	586393	12395406	2446614	4734407	187	0.408	0.565
45	宮崎	563829	9700852	2277421	3998268	146	0.336	0.611
46	鹿児島	820994	13446920	3567400	5797229	184	0.293	0.663
47	沖縄	605024	13823848	2730347	3750898	619	0.147	0.832

表 4. A2　第 4.5～4.6 節の推計に使用したデータ(2012 年)

No.	都道府県	最終エネルギー消費量(単位：TJ)	CO_2 排出量(単位：Million t-CO_2)	製造業のエネルギー消費量(単位：TJ)	非製造業のエネルギー消費量(単位：TJ)
1	北海道	644934	52.994	303168.037	109199.074
2	青森	144162	12.675	58169.649	25461.214
3	岩手	107290	10.178	36068.925	22500.421
4	宮城	221896	17.279	113406.489	40536.996
5	秋田	86511	7.762	27585.235	19805.469
6	山形	77807	7.844	21116.028	18721.122
7	福島	161368	15.771	63133.127	38561.098
8	茨城	649760	41.233	503738.225	54551.445
9	栃木	164220	14.982	71997.598	34549.759
10	群馬	156549	14.205	63874.320	33051.508
11	埼玉	385995	35.690	121448.036	99526.343
12	千葉	1391493	71.406	1120655.972	118207.598
13	東京	747035	71.707	80875.580	387331.188
14	神奈川	1004604	61.054	670661.603	147725.800
15	新潟	253458	20.769	128793.714	40988.505
16	富山	113244	11.472	56317.195	19086.028
17	石川	85922	9.504	21908.626	23608.519
18	福井	74379	7.986	34242.218	14505.680
19	山梨	60152	5.633	17306.399	15739.017
20	長野	146882	13.159	39943.016	37200.442
21	岐阜	176700	14.510	80994.422	33812.228
22	静岡	339095	28.514	171187.632	67518.043
23	愛知	832648	69.983	485450.378	144906.030
24	三重	460426	25.363	347130.334	54955.959
25	滋賀	140268	12.475	73740.235	24440.440

26	京都	162944	15.007	46869.786	51977.074
27	大阪	714002	50.774	342824.666	190477.493
28	兵庫	620504	54.089	409764.364	97630.630
29	奈良	68011	6.182	11915.473	20061.113
30	和歌山	220757	15.309	173902.538	16166.313
31	鳥取	44552	4.134	17504.906	9856.199
32	島根	50745	5.922	15628.010	12740.314
33	岡山	712549	44.845	626841.161	30855.827
34	広島	487630	48.253	365581.533	52379.596
35	山口	553725	34.635	480302.861	25824.232
36	徳島	59796	6.713	26205.599	12896.197
37	香川	115620	10.678	66981.035	18953.340
38	愛媛	292140	20.748	230078.310	23444.838
39	高知	54948	5.876	22569.722	12723.737
40	福岡	503308	47.822	285292.011	97452.080
41	佐賀	62160	6.345	23530.281	14560.664
42	長崎	76165	8.188	18378.596	23220.986
43	熊本	121322	12.369	41510.588	29316.690
44	大分	477594	31.363	418895.939	20700.429
45	宮崎	95044	9.056	42978.327	17453.057
46	鹿児島	99378	9.558	25632.265	28540.693
47	沖縄	68412	9.128	11452.992	27612.572

第 5 章

金融機関の
経営効率性評価

岩本大輝
早稲田大学創造理工学部

大里怜史

5.1 ◆ はじめに

．．．．．．．．．．．．．．．．．．．．．

　21世紀に入り「金融」は世界的に大きく変貌しつつある．各金融機関は社会の変化に対応するためにさまざまな施策をとっている．たとえば日本の地方経済の重要な担い手である地方銀行は，合併や持株会社化など統合を進めた．本章では，地方銀行の経営効率および統合の評価を題材として，DEAの金融分野での適用方法を考察する．

5.1.1……金融機関の経営効率評価に用いられるDEA

　DEAの提案以来，より少ない入力でより多くの出力を生むDMU（Decision Making Unit）がより効率的であると評価されるDEAは，事業体の経営効率評価にも広く用いられてきた[文献3]．DEAはさまざまな分野における事業体の効率評価に適用され，その有用性が認められてきた．

　DEAでは，各評価項目にウェイトをかけることで異なる尺度の指標を同時に扱うことができるため，事業体の経営効率を評価するにあたり，金額ベースの財務データのみならず，従業員数や財務比率など単位の異なるさまざまな指標から総合的に経営効率評価を行うことが可能となっている．また，各DMUの効率値を算出するだけではなく，非効率とされる場合には各指標をどれだけ変化させることで効率的になるのかの具体的な改善案が得られることも，DEAの有用性が認められる点である．

　従来のDEAに関する多くの研究では，事業体の効率性を測定する際に，評価される事業体DMUを単一の部門から構成されるシステムとみなし，事業体の内部をブラックボックスであるとしている（ブラックボックスモデルとも呼ばれる）．しかし，現実における多くの事業体では，相互に関連するいくつかの部門が結びついたネットワーク構造をその内部に形成していることが想定される．そして，各部門はそれぞれ部門独自の入出力を持ち，また部門間では中間財のやり取りが行われていると考えられる．そのような事業体の効率評価には，従来のブラックボックスモデルでは不十分であり，ネットワーク構造を考慮して事業体の効率性を測定することが求められる．

　この問題を解決するため，事業体の内部構造に部門を設定し，事業体の内部構造や部門間取引を考慮して全体効率性だけではなく各部門効率性をひとつのモデルで算出するネットワークDEAという手法が提案された[文献4]．ネットワ

ーク DEA の各 DMU の効率値を過剰入力と不足出力のスラックを直接考慮して算出する slack-based measure DEA (SBM-DEA)[文献 6] を取り入れた slack-based measure network DEA (NSBM-DEA) モデルが提案された[文献 7]．さらに，NSBM-DEA モデルをダイナミック構造(複数地点の活動を同時に考慮した時系列変化)に拡大した Dynamic DEA with network structure: A slacks-based measure approach (DNSBM-DEA) が提案されている[文献 8]．

これらネットワーク構造を持つ DEA モデルを銀行の効率評価に用いた研究には，アラブ首長国連邦の国内商業銀行の評価事例[文献 1]や，台湾の国内商業銀行の評価事例[文献 9]などがある．

以下では上述の研究を踏まえて，DEA を金融機関の経営効率評価，さらには経営統合の評価にどのように適用できるか，その適用可能性，有用性を考察する．本節では，日本の地方銀行の問題点とその解決策としての経営統合評価について述べる．本節を踏まえ，次節以下では，活動の問題点が明らかになるような DEA による表現を探る．

5.1.2……日本の金融機関における
　　　　　地方銀行の位置づけとその問題点

日本の金融機関は，中央銀行・政策金融機関・民間金融機関に分けられる(次ページ表 5.1)．本章で取り上げる地方銀行(一般社団法人全国地方銀行協会会員，2016 年 1 月現在 64 行)と第二地方銀行(一般社団法人第二地方銀行協会会員，2016 年 1 月現在 41 行)は，規模の違いやその成り立ちに違いはあるものの，地域金融の担い手として各地域における中小企業への資金供給等を通して地域経済を支えているという役割は同様である．そこで，本書では両行を以後まとめて"地方銀行"とする．

地方銀行全体の 2015 年末時点での預金額は約 322 兆円，貸出金額は約 233 兆円となっており，全国規模で業務を行う都市銀行全体の同時点の 324 兆円および 190 兆円と同等以上の規模である．地方銀行は預金額・貸出金額ともに都市銀行と引けを取らない規模を誇り，主に地方経済を支えるという目的で重要な役割を担っている．

地方銀行が抱える経営上の問題として，預貸ギャップ[1] の拡大がある(図 5.1).

1　預金と貸出金の差額を意味する(預金＋譲渡性預金－貸出金)．

表 5.1　日本の金融機関の種類と役割

分類	所属金融機関	役割
①中央銀行	日本銀行	金融政策・健全な金融システムの維持
②政策金融機関	国際協力銀行，日本政策投資銀行，日本政策金融公庫，商工組合中央金庫など	政策実現のために，民間金融機関の融資が困難な分野への融資
③民間金融機関	普通銀行：都市銀行・地方銀行・第二地方銀行・信託銀行・ゆうちょ銀行など　協同組織金融機関：信用金庫・信用組合・JA など	融資が主業務．銀行は市場からの預金収集を認められている
	証券会社，保険会社，消費者金融	預金を扱わない

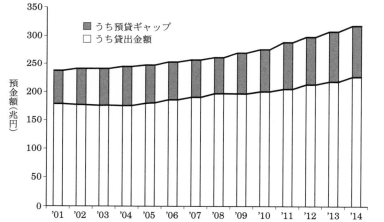

図 5.1　地方銀行の預金額・貸出金額・預貸ギャップの推移 [出典：[13] をもとに著者作成]

　預金額・貸出金額ともに増加傾向ではあるが，預金額の増加に比べて貸出金額の増加が小さく伸び悩んでおり，地方銀行は資金需要の低下により，集めた預金を貸付にうまく回すことができていないことがわかる．

　資金需要の低下は貸付における金利の低下を招く．地方銀行全体として経常収益の主要項目である貸出金利息の減少は，経常収益の減少となり，地方銀行全体の収益性は低下している．

　貸出金利息の減少による収益性の低下を補うため，貸付に回せずに余った預金を国債等へ運用する有価証券投資が，近年増加傾向となっている．また，投資信託等のフィービジネスの拡大による役務取引等収益[2]も同様にして増加傾向となっている．

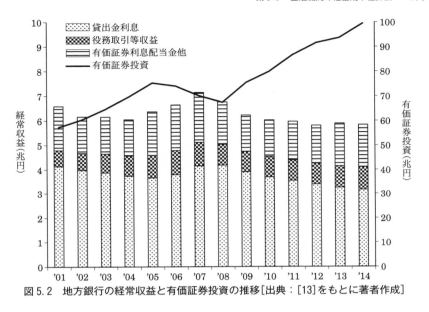

図 5.2　地方銀行の経常収益と有価証券投資の推移[出典：[13]をもとに著者作成]

　かように地方銀行の経営状況は貸付を行うのみならず多様化している．図5.2からは経常収益の内訳の変化が見て取れる．特に注目すべきは，貸出金利息の割合が大きく下がっていることであろう．

　第5.2節では，まずこのような問題を抱える地方銀行の活動をモデルで表現し，DEA による経営効率評価を試みる．

5. 1. 3……地方銀行の経営統合

　現状に加え，地方銀行の多くが本支店を構える地方経済においては，地域の人口減少等を背景として将来的に地方銀行の経営環境がさらに厳しくなっていくと予想されている．そのため，経営安定・および経営効率改善の手段として地方銀行では経営統合が進んでいる．

　地方銀行の経営統合は，その形態から大きく2つの種類に分けることができる．持株会社(holding company)を設立し，子会社となる銀行同士の合併は行わずに各銀行を存続させる持株会社傘下でのグループ化(以後 "HD 化" と表記)と，通常の "合併" の2種類である．特に最近では HD 化による経営統合が

2　金融サービスの提供による手数料収益．

表 5.2　地方銀行の経営統合一覧（注：ここでは，経営統合における最終形のみを考えて HD 化の後に合併した銀行については合併に分類している．また，合併の後に他行との HD 化を行った銀行については，その両方に分類されている．）

持株会社名 または銀行名	子会社銀行名 または前身となる銀行名	経営統合 の形態	経営統合年月
親和	親和・九州	合併	2003 年 4 月
関東つくば	関東・つくば	合併	2003 年 4 月
関西アーバン	関西さわやか・関西	合併	2004 年 2 月
もみじ	せとうち・広島総合	合併	2004 年 5 月
ほくほく FG	北陸・北海道	HD 化	2004 年 9 月
西日本シティ	西日本・福岡シティ	合併	2004 年 10 月
山口 FG	山口・もみじ・北九州	HD 化	2006 年 10 月
紀陽	紀陽・和歌山	合併	2006 年 10 月
きらやか	山形しあわせ・殖産	合併	2007 年 5 月
ふくおか FG	福岡・親和・熊本	HD 化	2007 年 10 月
北洋	北洋・札幌	合併	2008 年 10 月
フィデア HD	北都・庄内	HD 化	2009 年 10 月
関西アーバン	びわこ・関西アーバン	合併	2010 年 3 月
筑波	関東つくば・茨城	合併	2010 年 3 月
トモニ HD	香川・徳島・大正	HD 化	2010 年 4 月
池田泉州	池田・泉州	合併	2010 年 5 月
十六	岐阜・十六	合併	2012 年 9 月
じもと HD	きらやか・仙台	HD 化	2012 年 10 月
東京 TYFG	八千代・東京都民	HD 化	2014 年 10 月
九州 FG	肥後・鹿児島	HD 化	2015 年 10 月
コンコルディア FG	横浜・東日本銀行	HD 化	2016 年 4 月
足利 HD	足利・常陽	HD 化	2016 年 10 月

増加している．HD 化のメリットとして，企業法制や税制の違いに加え，合併に比べて本部機能の統一に要する時間やコストが少ないため円滑な再編が可能になることや，傘下各行がブランド（知名度）を維持しつつ不得手業務等の相互補完ができるため顧客基盤の維持・拡大が図りやすいことなどが指摘されている[文献 15]．2001 年度以降の地方銀行の経営統合一覧を表 5.2 に示す．

　将来的に経営状況が厳しくなっていくと考えられる地方銀行において，生き残りのための手段として経営統合への期待と関心が高まってきている．果たして，地方銀行にとって経営統合は経営効率改善の有効な戦略となっているのであろうか，その効果については定量的に評価検証されなければならない．吉本[文献 17]は，経営統合による地方銀行の経営指標の変化を分析した．2001 年度上期以降 2014 年度までに実施された経営統合を対象に，規模（預金残高，貸出金残高）・効率（営業経費）・収益（資金運用収支，業務純益）の各経営指標がどの

ように変化したかを分析した．非経営統合行と比較して各指標が示した動きの全体傾向としては，少なくとも悪い結果にはつながっていない．

第5.6節で問題点の解決策として行われた地方銀行の経営統合を，DEAによって評価してみる．

5.1.4……分析対象と分析期間

2015年12月末現在の地方銀行の一覧を表5.3に示す．分析には欠損データのある足利銀行・東京スター銀行と2011年新設の北九州銀行を除く，102（経営統合行は経営統合後の行数）の地方銀行のデータを用いる[3,4].

表5.3　地方銀行一覧（2015年12月末現在）

	数	銀行名
経営統合行	20	北海道，北都，庄内，筑波，北陸，十六，池田泉州，紀陽，山口，福岡，親和，西日本シティ，北洋，きらやか，仙台，関西アーバン，もみじ，徳島，香川，熊本
非経営統合行	82	青森，みちのく，秋田，山形，岩手，東北，七十七，東邦，群馬，常陽，武蔵野，千葉，千葉興業，東京都民，横浜，第四，北越，山梨中央，八十二，富山，北國，福井，静岡，スルガ，清水，大垣共立，三重，百五，滋賀，京都，近畿大阪，南都，但馬，鳥取，山陰合同，中国，広島，阿波，百十四，伊予，四国，筑邦，佐賀，長崎，十八，肥後，大分，宮崎，鹿児島，琉球，沖縄，北日本，福島，大東，東和，栃木，京葉，東日本，神奈川，大光，長野，富山第一，福邦，静岡中央，愛知，名古屋，中京，第三，大正，みなと，島根，トマト，西京，愛媛，高知，福岡中央，佐賀共栄，豊和，宮崎太陽，南日本，沖縄海邦，八千代
合計	102	
分析除外行	3	足利，東京スター，北九州（山口銀行に合算）

地方銀行の経営統合の効果は短期間で表れるものだけとは考えにくいが，分析期間をより長く設けた場合には条件を満たす経営統合行が少なくなってしまう．また，地方銀行の一般的な中期経営計画の期間が3年であることも考慮に入れ，経営統合前後3年を分析期間とする．したがって経営統合評価では，2001年度以降に経営統合を行いかつ経営統合前後3年以上のデータが入手可

3　2011年度以降について，山口銀行と北九州銀行のデータの和を山口銀行として扱っている．

4　経営統合行は20行であるが，もみじ銀行・きらやか銀行の2行は合併の後に他行とのHD化を行ったため，分析には両方の事例を用いる．よって，分析対象となる経営統合行は延べ22行となる．

能な経営統合行を分析対象とする.

　なお，地方銀行全体の経営効率評価では，期間中に経営統合を行った銀行の経営統合前のデータは，各々の前身となる銀行のデータの和を用いる．経営統合銀行については，期間中に経営統合を行った銀行の経営統合前のデータは各々の前身となる銀行のデータの和を用いるが，経営統合前の銀行は前身となる銀行を DMU として用いる．HD 化の後に合併を行った銀行は，最終形のみを考慮して合併に分類する．また，合併の後に他行との HD 化を行った銀行は，経営統合前後 3 年以上のデータが入手可能な場合は両方とも分析対象として加える．

5. 2 ◆ SBM-DEA アプローチ

5. 2. 1……SBM-DEA

　DEA では，規模の収穫性について，規模の収穫を一定とするか可変とするかにより，モデルが異なる．銀行の経営効率を評価するにあたって規模の収穫一定は現実的ではないであろう．したがって，以下ではどの DEA モデルを用いる際も規模の収穫は可変としている．

　さらに DEA モデルの指向性には入力指向・出力指向またはどちらにも寄らない無指向性があるが，入出力に偏った評価をすることは分析の目的とはそぐわないので，以下ではどの DEA モデルを用いる際も無指向性とする．

　ところで，一般的な CCR モデルや BCC モデルでは，効率値が 1 の場合でも過剰入力と不足出力のスラックが存在し，実際には効率的でない場合が存在する．そのため，目的関数の値のみで効率性を議論することは難しい．そこで，スラックを直接考慮し効率値を算出することによりこの問題を解決したスラックベース（SBM; Slacks-Based Measure）の DEA モデル（SBM-DEA モデル）を考える[文献6]．効率値は，〈（入力の平均縮小率）/（出力の平均拡大率）の逆数〉により算出され，入出力の各スラックが 0 である場合に，効率値が 1 となる．またこのモデルは，スラックの増加に関して効率値は単調減少，効率値は参照集合によってのみ決定される等の特徴を持つ.

5. 2. 2……地方銀行の業務プロセスと SBM-DEA モデルへの適用

　入出力について決定していく．地方銀行の主たる業務は融資である．そのために店舗を構えて預金を集めることが許されている．地方銀行の経営効率を評価するという目的から，資本の投入に対してどれだけの収益を生んだかという視点で考える．第 5.1.2 節で述べたように，現在の地方銀行では，貸出金利息，役務取引等収益と有価証券利息配当および国債等債券売却益で経常収益の90% 以上を占める．そこで，この 3 項目を出力とし，預金を獲得するのに必要な預金利息と本支店数，融資先の開拓や審査をはじめ業務を行う従業員数を入力とするモデルを考察する．

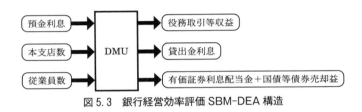

図 5.3　銀行経営効率評価 SBM-DEA 構造

5. 2. 3……効率評価

　SBM-DEA モデルを用いて地方銀行の経営効率評価を行った結果，全体効率性の平均値は 0.631，効率的 DMU（効率値が 1 となった銀行）の数は 102 行中11 行となった．規模の収穫可変の条件により，効率的 DMU となる銀行は複数となった．

5. 3 ◆ NSBM-DEA アプローチ

5. 3. 1……NSBM-DEA

　NSBM-DEA モデルは，SBM-DEA モデルについてネットワーク構造をもつ事業体の効率性評価に適用可能なモデルへと発展させたもので，文献[7]によって提案された．DEA におけるネットワークモデルは，DMU 内に部門を設定し各部門の入出力，並びに部門間の内部取引をリンクとして定義する．リンクは，フリーリンク・固定リンク・入力リンク・出力リンクの設定が可能である．リンクの値を自由に変更可能とする場合はフリーリンク，リンクの値の変更を考慮しない場合は固定リンク，次の部門への入力と扱う場合は入力リンク，そ

の部門における出力と扱う場合は出力リンクとなる．NSBM-DEA モデルでは，全体効率性のみならず各部門の効率性も算出される．

　ウェイトは各部門の重要度を示し，非負かつ和が1という条件のもとで自由に設定することが可能である．規模の収穫可変の条件の下では，すべての部門は少なくともひとつの効率的な DMU を持つ．部門効率性の目的関数における最適な入出力のスラックは，全体効率性の目的関数に入力される．全体効率性は部門効率性の加重和となるが，無指向性においては部門効率性の算術平均や加重平均となっているわけではない[文献7]．また，本章のケースではリンクに自由に変更可能な値を用いるため，制約条件にはフリーリンクの連続性の条件が含まれている．

5.3.2……地方銀行の業務プロセスと
NSBM-DEA モデルへの適用

　地方銀行の業務プロセスとしては，まず預金を集め，その預金を貸付に回し，余剰資金を有価証券等に運用していると考えることができる．そして，それぞれの部門において収益を上げている．そこから，地方銀行の業務プロセスを預金部門・貸付部門・運用部門と3つに分け，ネットワーク構造の部門とする．地方銀行の主たる業務は，預金で調達した資金の融資であり，資金の運用はあくまで余剰分で行うものである．

　次に各部門の入出力について決定していく．まず預金部門の入力を預金利息・本支店数とし，出力を役務取引等収益とする．貸付部門では，従業員数を入力とし貸出金利息を出力とする．ここで，預金を集めることは本支店数に依存し，貸付を行うことは従業員数に依存するという考えのもと，それぞれの部門の入力としている．運用部門では新たな入力は設定しておらず，（有価証券利息配当金＋国債等債券売却益）を出力とする．前節での入出力がトータルで部門の入出力となっている．

　ネットワーク構造のリンクとして，資金の流れを設定する．預金部門で集められた預金は，貸付部門への中間財となることから，（預金－預金利息）をリンクとする[5]．また，貸付部門から運用部門への中間財は，預金から貸付に使った資金を引いた［（預金－預金利息）－（貸出金－貸出金利息）］をリンクとする．ま

5　預金額には譲渡性預金を含む．

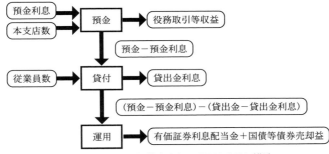

図 5.4　銀行経営効率評価 NSBM-DEA 構造

た，本章で定義するリンクの値は変更が可能な指標であるため，どちらもフリーリンクとする．

5.3.3……効率評価

NSBM-DEA モデルを用いて地方銀行の経営効率評価を行った結果を表 5.4 に示す．全体効率性の平均値は 0.363，効率的 DMU（効率値が 1 となった銀行）の数は 102 行中わずか 2 行となった．

各銀行は，NSBM-DEA モデルにおける部門効率性を他行と比較することにより，自行のどの部門が効率的であり，またどの部門が非効率であるかを把握することができる．例えば，ある銀行の預金部門が他の銀行と比較して効率値が低い場合には，その銀行は預金利息・支店数の値が大きすぎるか，または役務取引等収益・預金額の値が不足しているか，もしくはその両方の可能性があることを意味する．経営効率性という観点から，改善の余地がどの部門にあるのかを分析結果から読み取ることが可能となる．

表 5.4　NSBM-DEA モデル・SBM-DEA モデルにおける効率値

2014 年度	NSBM-DEA			
	全体効率性	預金部門	貸付部門	運用部門
平均値	0.363	0.461	0.376	0.496
効率的 DMU の数	2	6	4	13

5. 4 ◆ DNSBM-DEA アプローチ
....

5. 4. 1……DNSBM-DEA

　NSBM-DEA モデルを，複数時点の活動を同時に考慮し，時系列変化に対応
させたモデルが DNSBM-DEA モデルであり，文献[8]によって提案された.
このモデルでは，先に述べた NSBM-DEA モデルに加えて，事業体の活動にお
いて次期へ持ち越される各項目をキャリーオーバーとして設定し，全体効率性
や部門効率性のみならず期間効率性を算出可能とするモデルである. キャリー
オーバーは「bad キャリーオーバー」「good キャリーオーバー」「フリーキャリ
ーオーバー」「固定キャリーオーバー」の設定が可能である. その部門における
入力と扱う場合は bad キャリーオーバー，その部門における出力と扱う場合は
good キャリーオーバー，値を自由に変更可能とする場合はフリーキャリーオ
ーバー，値の変更を考慮しない場合は固定キャリーオーバーとなる. DNSBM-
DEA モデルにおいて算出される効率値は，全体効率性・期間効率性・部門効率
性・期間部門効率性の 4 種類となる.

5. 4. 2……地方銀行の業務プロセスと
　　　　　 DNSBM-DEA モデルへの適用

　地方銀行の業務プロセスおよび収益構造を考慮し，地方銀行の経営効率を評
価するにあたって本章で用いる DNSBM-DEA 構造を決定する.

　ダイナミック構造のキャリーオーバーは，各部門において次期の活動に影響
を及ぼすと考えられる健全性の指標となる財務比率を設定する. 預金部門は自
己資本比率(good キャリーオーバー)，貸付部門は不良債権比率(bad キャリー
オーバー)，運用部門は国債保有比率(bad キャリーオーバー)を設定する. こ
こで，地方銀行としては余剰資金を国債へ運用することは，収益性が低くかつ
健全性を下げることとなるため有用な運用であるとはいえない. そこで，国債
保有比率(bad キャリーオーバー)を設定している.

　ネットワーク構造のウェイトは，各部門の重要度として自由に設定すること
ができる. ここでは NSBM-DEA モデルと同様に，地方銀行全体の収益構造を
所与の条件とし，地方銀行全体の経常収益に対する各部門の出力の比率を用い
る. ダイナミック構造のウェイトは，期間の重要度として自由に設定すること
ができるが，本節では期間による重要度は考慮しないため各期間のウェイトは

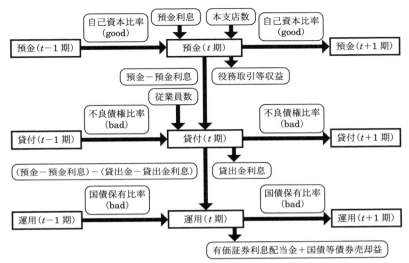

図 5.5　銀行経営効率評価 DNSBM-DEA 構造

等しく設定する.

　また，時系列変化を分析するにあたって，収益やその他の価値を現在価値に換算するなどによる割引率は考慮していない. これは，ある期における産出物は後の期の結果に対して既に影響を与えていると仮定したためである.

5.4.3……効率評価

　経営状況の多様化した地方銀行の経営効率を評価するにあたって，DNSBM-DEA モデルを地方銀行の経営状況に当てはめ，経営効率評価を行う. また，SBM-DEA モデルや NSBM-DEA モデルによる分析結果との比較を通して，DNSBM-DEA モデルの地方銀行の経営効率評価への有用性を検証する.

　モデルの諸条件は，これまでと同様に規模の収穫可変・無指向性とする. 期間中に経営統合を行った銀行については，経営統合前は各々の前身となる銀行のデータの和を用いている.

　2005 年度～2014 年度の 10 年間の地方銀行全体の各効率値の推移を表 5.5（次ページ）に示す. 各部門で見ると，運用部門における効率値の標準偏差が他部門と比較して大きくなっている. そこから，運用部門において各銀行の経営効率性に差がついていることがわかる. また，表 5.5 の中央値の推移を図 5.6 に示す. 地方銀行全体では貸出金利息が減少傾向であることから，貸付部門の

表5.5　地方銀行全体の各効率値の推移

	年度	'05	'06	'07	'08	'09	'10	'11	'12	'13	'14
全体 効率性	平均値	0.564	0.547	0.519	0.498	0.473	0.463	0.431	0.416	0.319	0.347
	中央値	0.547	0.505	0.463	0.441	0.399	0.404	0.370	0.358	0.265	0.271
	標準偏差	0.198	0.197	0.188	0.196	0.199	0.185	0.187	0.184	0.181	0.196
	効率的DMUの数	4	4	3	6	5	4	4	3	3	3
預金部門	平均値	0.754	0.787	0.818	0.760	0.675	0.662	0.648	0.695	0.683	0.653
	中央値	0.764	0.806	0.833	0.741	0.654	0.609	0.607	0.676	0.670	0.609
	標準偏差	0.205	0.181	0.151	0.167	0.194	0.211	0.217	0.211	0.206	0.218
	効率的DMUの数	22	18	19	13	10	11	10	11	11	12
貸付部門	平均値	0.640	0.642	0.582	0.662	0.533	0.547	0.491	0.445	0.461	0.378
	中央値	0.590	0.595	0.510	0.663	0.446	0.470	0.409	0.354	0.345	0.280
	標準偏差	0.217	0.224	0.227	0.232	0.229	0.217	0.229	0.230	0.260	0.247
	効率的DMUの数	15	13	11	15	12	10	10	9	10	11
運用部門	平均値	0.538	0.448	0.397	0.318	0.280	0.275	0.300	0.337	0.165	0.203
	中央値	0.485	0.364	0.346	0.232	0.175	0.183	0.213	0.246	0.105	0.122
	標準偏差	0.318	0.288	0.254	0.268	0.276	0.265	0.262	0.273	0.223	0.236
	効率的DMUの数	14	9	7	8	8	6	5	4	5	5

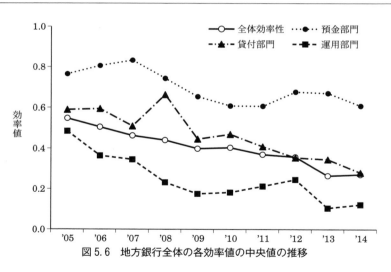

図5.6　地方銀行全体の各効率値の中央値の推移

効率値は年々減少傾向となっており，全体効率性も年々減少傾向となっている．貸付部門の収益性の低下に対して，5.1節で述べたように有価証券投資やフィービジネス自体は拡大傾向となっている．しかし，預金部門・運用部門ともに効率値は横ばいもしくは減少傾向となっており，経営効率性という面では両部門の効率性は高くなっているとはいえないことがわかる．

5.4.4……頑健性に関する検討

5.4.4.1　ネットワーク構造のウェイトの頑健性の確認

　NSBM-DEA モデルや DNSBM-DEA モデルでは，各部門の重要度に応じてネットワーク構造の各部門のウェイトを自由に設定することが可能であるが，地方銀行全体の収益構造を所与の条件とし，地方銀行全体の経常収益に対する各部門の出力の比率を用いた．しかし，用いたウェイトと各銀行のウェイトに乖離があった場合に，その銀行には不利な条件の下で効率値が算出されてしまう可能性がある．そこで，DNSBM-DEA モデルを用いてネットワーク構造のウェイトの頑健性の確認を行う．

　地方銀行 102 行の 2012 年度〜2014 年度の計 306 個の各部門のウェイトを三角図にプロットしたものを図 5.7 に示す．凸包を用いて特異なウェイトについて DNSBM-DEA における効率値算出を行い，もとのウェイトにおける DNSBM-DEA で算出された各年度の効率値との順位相関を分析する．

　図 5.7 で凸に囲まれている 295 個のウェイトにおいては，もとのウェイトで算出された各年度の効率値との順位相関が 0.85 以上となった．96.4％ のウェイトにおいて順位相関は高くなっており，分析結果には頑健性があるといえる．

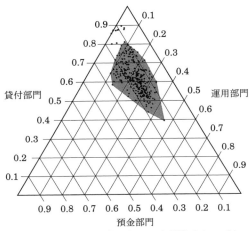

図 5.7　各 DMU のネットワーク構造のウェイト

5.4.4.2　ダイナミック構造の割引率の検証

　本分析では，収益やその他の価値を現在価値に換算するなどによる割引率は考慮していない．これは，当該 DNSBM-DEA モデルでは，ある期における産出物は後の期の結果に対して既に影響を与えていると考えたためである．しかし，時系列変化を扱う際に貨幣の現在価値を考慮するかどうかが問題として挙がるため，その頑健性の確認としてダイナミック構造の割引率について検討する．

　貨幣換算されている入出力およびリンクに対して安全資産の利回りを 2.0％と仮定し，各年度の各項目を現在価値に戻し効率値を算出する．モデルの諸条件は規模の収穫可変・無指向性とする．そして，割引率を用いない DNSBM-DEA モデルにより算出された効率値との相関分析を行う．

　2005 年度〜2014 年度の各地方銀行の，割引率の有無による全体効率性の分布を図 5.8 に示す．割引率の有無による効率値の変化はほとんどなく，相関係数は 1.00 となった．割引率の有無による算出された効率値への影響は非常に小さく，分析結果には頑健性があるといえる．

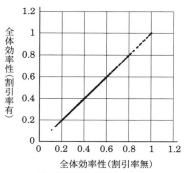

図 5.8　割引率の有無と全体効率性の関係

5.5 ◆ 地方銀行全体の経営効率評価

....

5.5.1……SBM-DEA モデルと NSBM-DEA モデルの比較

　SBM-DEA モデルと NSBM-DEA モデルを用いて地方銀行全体の経営効率評価を行い，その結果の比較検討を行う．

　各モデルにおける 2014 年度の地方銀行全体の効率値の算出結果を表 5.6，図

表 5.6　NSBM-DEA モデル・SBM-DEA モデルにおける効率値

| 2014 年度 | 全体効率性 | NSBM-DEA | | | SBM-DEA |
		預金部門	貸付部門	運用部門	全体効率性
平均値	0.363	0.461	0.376	0.496	0.631
効率的 DMU の数	2	6	4	13	11

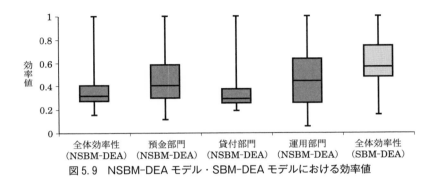

図 5.9　NSBM-DEA モデル・SBM-DEA モデルにおける効率値

5.9 に示す．SBM-DEA モデルにより算出された効率値は，NSBM-DEA モデ
ルにより算出された効率値と比較して高くなっている．また，効率的 DMU[6] の
数も NSBM-DEA モデルではわずかに 2 行となっているが，SBM-DEA モデ
ルでは 11 行と多い．全銀行の各効率値を，NSBM-DEA モデルにおける全体
効率性の順に並べたものを図 5.10（次ページ）に示す．SBM-DEA モデルでは
効率的であるとされていても，NSBM-DEA モデルを用いて部門ごとに効率性
を評価すると実際には非効率な部門が存在することにより，NSBM-DEA モデ
ルでは全体効率となっていない銀行が多く存在することがわかる．

6　効率値 = 1 である DMU.

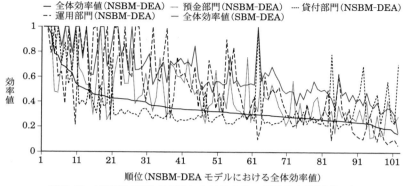

図 5.10　NSBM-DEA モデルにおける全体・部門効率値(順位順)

5.5.2……NSBM-DEA モデルと DNSBM-DEA モデルの比較

NSBM-DEA モデルと DNSBM-DEA モデルを用いて地方銀行全体の経営効率評価を行い，その結果の比較検討を行う．

各モデルにおける 2012 年度～2014 年度の地方銀行全体の各効率値の算出結果を表 5.7 に示す．また，各モデルにおける効率値の平均値の推移を図 5.11（次ページ）に示す．NSBM-DEA モデルでは，各年度でそれぞれ独立したデータセットを用いて各効率値を算出した．そのため，単純な時系列での効率値の横の比較をすることはできない．それは，結果からも確認することができる．

表 5.7　DNSBM-DEA モデル・NSBM-DEA モデルにおける効率値

		DNSBM-DEA モデル				NSBM-DEA モデル			
		平均値	中央値	標準偏差	効率的DMU の数	平均値	中央値	標準偏差	効率的DMU の数
'12	全体効率性	0.601	0.571	0.177	4	0.411	0.367	0.145	1
	預金部門	0.711	0.699	0.213	17	0.486	0.467	0.203	5
	貸付部門	0.617	0.559	0.216	12	0.491	0.382	0.230	7
	運用部門	0.664	0.733	0.272	12	0.488	0.466	0.288	10
'13	全体効率性	0.389	0.320	0.193	3	0.322	0.293	0.147	2
	預金部門	0.696	0.707	0.205	13	0.473	0.423	0.206	5
	貸付部門	0.535	0.449	0.259	12	0.562	0.444	0.299	22
	運用部門	0.295	0.191	0.284	5	0.248	0.210	0.208	3
'14	全体効率性	0.390	0.306	0.201	3	0.363	0.320	0.163	2
	預金部門	0.656	0.622	0.217	12	0.461	0.410	0.217	6
	貸付部門	0.421	0.315	0.252	11	0.376	0.292	0.212	4
	運用部門	0.321	0.253	0.257	5	0.496	0.447	0.292	13

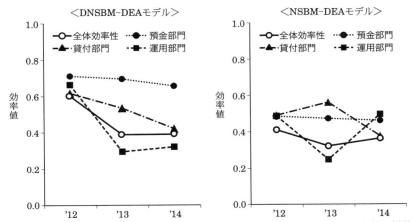

図5.11　DNSBM-DEA モデル・NSBM-DEA モデルにおける各効率値の平均値の推移

　貸付部門において，NSBM-DEA モデルでは 2012 年度から 2013 年度にかけて効率値が上昇している．しかし，前述のように地方銀行全体において貸出金利息は近年単調減少しており，この結果は地方銀行の経営状況の実情を反映しているとはいえない．DNSBM-DEA モデルを用いた場合は，貸付部門の効率値は 3 年間で単調減少となっている．DNSBM-DEA モデルを用いることで，複数地点の活動を同時に考慮した分析が可能となり，その結果は実態を反映したものとなっている．

　各銀行は，DNSBM-DEA モデルを用いることで，ネットワーク構造により，自行の各部門の効率性を把握できることに加えて，年度ごとの全体効率性・各部門効率性を比較することで，自行の各効率性がどのように推移しているのかを把握することが可能となる．

5.6 ◆ 地方銀行の経営統合評価

5.6.1……経営統合行全体の評価

　経営統合前（T 期とする）3 年間の修正効率値の平均値を 1 としたときの，経営統合後 3 年間（$T+1$ 期・$T+2$ 期・$T+3$ 期とする）の修正効率値の推移を図 5.12（次ページ）に示す．この値の推移は，経営統合前の効率値と各年度の修正効率値との相対比となるため，効率値がどの程度上昇したかを表す指標となる

194

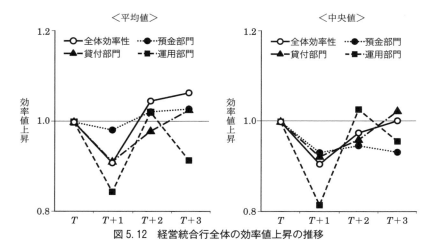

<平均値>

<中央値>

図 5.12　経営統合行全体の効率値上昇の推移

（以後 "効率値上昇" と表記）．経営統合の評価では，この値を用いる．

　経営統合行全体の効率値上昇の平均値と中央値の推移から，全体効率性・預金部門・貸付部門の効率値は大きく上昇している経営統合行もあるが，全体傾向として経営統合の効果が出ている銀行は半数程であることがわかる．また，運用部門の効率値の推移は年度ごとの変化が非常に大きくなっており，全体としては経営統合による効果がうまく出ているとはいえない．

5.6.2……経営統合の分類による効果的な経営統合の検証

　5.6.1 節より，全体傾向として経営統合は経営効率改善に効果があると一概には言うことができず，経営統合による効果が出ている銀行とそうでない銀行は半々程度であることがわかった．そこで，いくつかの視点から経営統合を分類し，どのような条件の下での経営統合が効果的であるのかを検証する．

5.6.2.1　経営統合の時期による分類

　各銀行により経営統合の行われた時期はさまざまである．そこで，経営統合の時期の早い遅いが経営統合後の効率値にどのように影響を与えるのか検証する．

　分析対象となる経営統合の中で最初に経営統合が行われた 2004 年 5 月を始点とし，経営統合の行われた時期を数値化してウォード法によるクラスター分析を行った．すると，2007 年度までの経営統合と 2008 年度以降の経営統合で

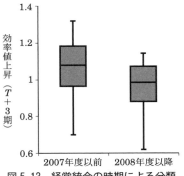

図 5.13　経営統合の時期による分類

2 分された．経営統合の時期（2007 年度以前・2008 年度以降）により分類した，経営統合後の全体効率性の効率値上昇（$T+3$ 期）を図 5.13 に示す.

　2007 年度以前に行われた経営統合による効率値上昇が，2008 年度以降に行われた経営統合の効率値上昇に比べて大きい．早期の経営統合では，選択相手の多さも含め経営統合による効果をより得やすいと考えられる．また，このグループ分けは 2008 年 9 月のリーマンショックの前後で 2 分されている．そのため，経済動向が悪化してしまった後の経営統合では，あまり経営効率改善に結びついていないとも考えられる.

　なお，統合の時期については，マン-ホイットニーの U 検定により統計的に 2 群（2007 年度以前・2008 年度以降）に有意な差があるかどうか検証した．その結果 P 値 = 0.1486 となり，2 群間にある程度有意な差があるといえる.

5.6.2.2　経営統合の形態と本支店数増減率による分類

　地方銀行の経営統合の形態は，大きく HD 化と合併の 2 種類に分けることができる．また，経営統合の際に支店の統廃合を積極的に進めている場合と，支店の統廃合をあまり行わない場合とがある．特に，合併および HD 化の HD 内の一部銀行においては，支店の統廃合が積極的に進められる傾向にある．そこで，経営統合の形態および本支店数増減率と効率値の関係について検証する．本支店数増減率と $T+3$ 期における全体効率性の効率値上昇を図 5.14（次ページ）に示す．また，経営統合形態・本支店数増減率分類による，経営統合後の全体効率性の効率値上昇（$T+3$ 期）を図 5.15 に示す．本支店数増減率については，経営統合の 3 年前から $T+3$ 期までの本支店数増減率について，ウォード法に

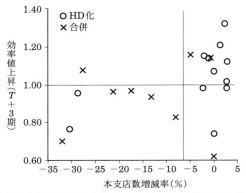

図 5. 14　本支店数増減率と経営統合の形態による分類と効率値上昇（一部）

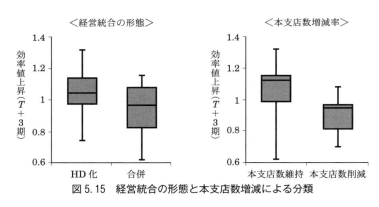

図 5. 15　経営統合の形態と本支店数増減による分類

よりクラスター分析を行い 2 群（本支店数維持・本支店数削減）に分けている．

　全体傾向として，右上にあたる本支店数を維持しかつ HD 化による経営統合を行った銀行の効率値が上昇している．合併による経営統合の際に支店の統廃合を積極的に進めても，経営効率が改善には至っていないことがわかる．また，文献 [15] によると HD 化による経営統合では，本部機能の統一に要する時間やコストが少ないため円滑な経営統合が可能になるとあり，その結果が現れている．ここでは分析期間を 3 年としたが，経営統合において特に合併による効果は早期では得られないとも考察できる．

　なお，経営統合の形態についてマン–ホイットニーの U 検定により統計的に 2 群（HD 化・合併）に有意な差があるかどうか検証した．その結果 P 値＝ 0.1418 となり，2 群間にある程度有意な差があるといえる．また，本支店数増

減率についても同様にマン–ホイットニーの U 検定を行ったところ, P 値 = 0.0823 となり, こちらも 2 群間にある程度有意な差があるといえる.

5.6.2.3　経営統合前の前身となる銀行の各部門の効率性の差による分類

　次に, どのような選択相手と経営統合を行うことで経営効率が改善されるかを考える. そこで, 経営統合前の前身となる銀行の各部門の効率性の差が, 経営統合後の全体効率性および部門の効率性にどのように影響を与えるのかを検証する.

　経営統合前の前身となる銀行の各部門の修正効率値(経営統合前 3 年間の平均)の差により分類した, 経営統合後の経営統合行の全体効率性と各部門の効率性の効率値上昇(T+3 期)を図 5.16〜図 5.18 (197〜198 ページ)に示す. ここで, 経営統合前の前身となる銀行の各部門の修正効率値(経営統合前 3 年間の平均)の差は, ウォード法によりクラスター分析を行い 2 群(各部門の効率差(大)・各部門の効率差(小))に分けている.

　経営統合前の前身となる銀行の運用部門の効率性の差が大きい場合には, 全体効率性および運用部門の効率値は上昇しており, 経営統合による効果が大きくなっていることがわかる. 5.5.2 節の DNSBM-DEA による地方銀行全体の経営効率評価の結果を見ると, 地方銀行において運用部門における効率値の分散が他部門と比較して大きくなっており, その効率性に差がついている. そのため, 経営統合により運用部門の効率性の高い銀行のノウハウが共有され, 経営統合により運用部門の効率性が上昇し, 全体効率性も上昇したと考えられる.

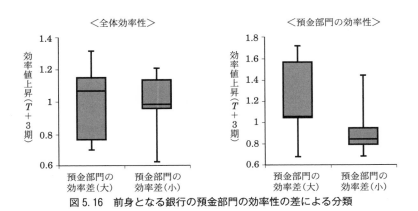

図 5.16　前身となる銀行の預金部門の効率性の差による分類

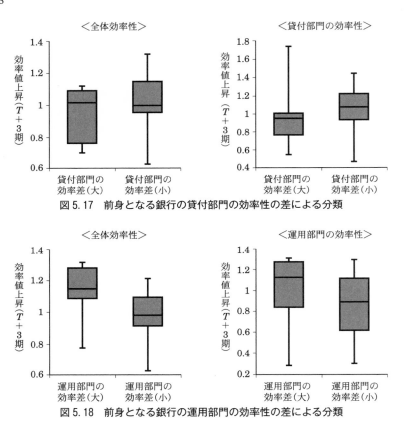

図5.17　前身となる銀行の貸付部門の効率性の差による分類

図5.18　前身となる銀行の運用部門の効率性の差による分類

　経営統合前の前身となる銀行の預金部門の効率性の差が大きい場合には，預金部門の効率値は上昇している．しかし，全体効率性の効率値上昇はあまり大きくなっていない．また，前身となる銀行の貸付部門の効率性の差による分類では，あまり差は見られなかった．

　経営統合前の前身となる銀行の各部門の効率性の差による分類について，マン-ホイットニーの U 検定により統計的に2群(各部門の効率差(大)・各部門の効率差(小))に有意な差があるかどうか検証した結果を表5.8(次ページ)に示す．前身となる銀行の預金部門の効率性の差による分類における預金部門の効率性と前身となる銀行の運用部門の効率性の差における分類による全体効率性の2分類は，P 値が0.10より小さく2群間にある程度有意な差があるといえる．

表 5.8　部門効率差による 2 群に対する U 検定の P 値

P 値	預金部門の効率差	貸付部門の効率差	運用部門の効率差
全体効率性	0.841	0.517	0.060
各部門の効率性	0.053	0.162	0.320

5.7 ◆ おわりに

本章の前半は，地方銀行の活動を複数の DEA モデルで表現し，最終的に DNSBM-DEA モデルによる経営効率評価を試みている．一方後半では，地方銀行の DNSBM-DEA モデルを用いて経営統合評価を行っている．以下にその結果と考察をまとめる．

まず，DNSBM-DEA モデルを地方銀行の経営状況に当てはめ経営効率評価を行い，他モデルとの比較を通してその有用性を確認することができた．

SBM-DEA モデルと NSBM-DEA モデルを用いた経営効率評価の比較から，DEA におけるネットワークモデルの有用性を示した．SBM-DEA モデルでは効率的であるとされる銀行も，NSBM-DEA モデルを用いて部門ごとに効率性を評価すると，実際には非効率な部門が存在し NSBM-DEA モデルでは全体効率となっていない銀行が多く存在した．ネットワーク構造を持つ DEA モデルを用いることで，各銀行は部門効率性を把握することができる．部門効率性を他行と比較することで，自行のどの部門が効率的であり，またどの部門が非効率であるかがわかり，経営効率性という観点から改善の余地がどの部門にあるのか読み取ることができる．さらに，ある部門が非効率とされる場合には，各指標をどれだけ変化させれば効率的になるのか具体的な改善案を得ることができる．

NSBM-DEA モデルと DNSBM-DEA モデルを用いた経営効率評価の比較から，DEA におけるダイナミックモデルの有用性を示した．NSBM-DEA モデルでは複数年度の効率性を測定する際，各年度でそれぞれ独立したデータセットを用いて各効率値を算出する必要がある．そのため，単純な時系列での効率値の横の比較をすることはできない．DNSBM-DEA モデルを用いることで，複数時点の活動を同時に考慮した分析が可能となり，時系列での効率値の横の比較が可能となる．各銀行は，DNSBM-DEA モデルにおける年度ごとの全体

効率性・各部門効率性を比較することにより，自行の各効率性がどのような推移をしているのか把握することができる．

DNSBM-DEA モデルを用いて 2005 年度～2014 年度の各銀行の各効率性を算出し，地方銀行全体の経営効率評価を行うことができた．結果から，運用部門において各銀行の経営効率性に差がついていることがわかった．また，近年の貸付部門の効率性の低下に対して，有価証券投資やフィービジネス自体は拡大傾向となっているが，預金部門・運用部門ともに効率値は横ばいもしくは減少傾向であり，経営効率性という面では両部門の効率性は高くなってはいない．

さらに，DNSBM-DEA モデルを用いて地方銀行の経営統合の評価を行い，複数の視点から分析を行うことでより効果的な経営統合について検証することができた．

経営統合行全体として，全体効率性・預金部門・貸付部門の効率値は大きく上昇している銀行もあるが，経営統合の効果が出ている銀行は半数ほどであった．また，運用部門の効率値の推移は年度ごとの変化が大きく，経営統合による効果がうまく出ているとはいえない．

経営統合の時期による分類では，2007 年度以前の経営統合において効率値が上昇している銀行が多く，経営統合の時期が早い方がその効果が大きいことが分かった．早期の経営統合では経営統合相手の選択肢が広いことや，経済動向が悪化してしまった後の経営統合では，あまり経営効率改善に結びついていないことが理由として考えられる．

経営統合の形態と本支店数増減率による分類では，本支店数を維持し，かつ HD 化による経営統合を行った銀行の効率値が上昇する傾向にあることが分かった．合併により支店の統廃合を積極的に進めても，経営効率性という面では改善に至らないことが考えられる．本研究では分析期間が経営統合前後 3 年間であるため，とくに合併による効果は早期では得られにくく，一方 HD 化では早期に統合の効果が得られると考察できる．

経営統合前の前身となる銀行の運用部門の効率性の差による分類では，運用部門の効率性の差が大きい場合には全体効率性および運用部門の効率値は上昇しており，経営統合による効果が大きくなっていることがわかる．経営統合により運用部門の効率性の高い銀行のノウハウが共有され，経営統合により運用部門の効率性が上昇し，全体効率性も上昇したと考えられる．

　DNSBM-DEA モデルを用いた経営統合評価のメリットの根本は，さまざまな単位が入り混じった指標からひとつの評価値として効率性を算出することにある．効率値による銀行統合評価は従来の定性的評価と矛盾せず，かつ，銀行・部門間をひとめで比較することができる．これによって，統合対象の選定や統合時期など将来の経営統合への示唆を得ることができる．

　今後の課題としては，本章では預金部門の出力について役務取引等収益を用いたが，より正確にはシンジケートローンの手数料収入等，貸付部門の出力項目も含まれる．そのため，今後そのフィービジネスの拡大が進むと見られている中，より正確に各銀行の経営効率を把握するためには，（情報開示が進んだ際には）それらを貸付部門へ割り振ることなどが求められるであろう．

　また，本章では地方銀行（金融機関）へ DNSBM-DEA モデルを適用したが，金融機関に限らずさまざまな事業体の活動に適用し効率評価することが可能な手法であると考えられる．ただし，金融機関への適用という観点から，ネットワーク構造の各部門を資金の流れで連結することが可能であったが，他の業界では資金の流れが必ずしも部門間を繋ぐ中間財として適切とは限らないため，会計情報から得られる指標を中間財として使用する際には十分な検討が必要である．

参考文献

[1]　Avkiran, N.K. (2014) "Applications of Data Envelopment Analysis in the Service Sector" Cooper, W.W., Seiford, L.M. and Zhu, J. (Editors), *Handbook on Data Envelopment Analysis*, 2nd ed, 403-443. Springer.

[2]　Charnes, A., Cooper, W.W., and Rhodes, E. (1978) "Measuring the Efficiency of Decision-Making Units", *European Journal of Operational Research*, Vol. 2, No. 6, 429-444.

[3]　Feith, M.D. and Pasiouras, F. (2010) "Assessing bank efficiency and performance with operational research and artificial intelligence techniques: A survey", *European Journal of Operational Research*, No. 204, 189-198.

[4]　Fare, R. and Grosskopf, S. (2000) "Network DEA", *Socio-Economic Planning Sciences*, No. 34, 35-49.

[5]　Farrell, M.J. (1957) "The measurement of productive efficiency", *Journal of the Royal Statistical Society*, No. 120, 253-290.

[6]　Tone, K. (2000) "A slack-based measure of efficiency in data envelopment analysis", *European Journal of Operational Research*, No. 130, 498-509.

[7] Tone, K. and Tsutsui, M. (2009) "Network DEA: A slack-based measure approach", *European Journal of Operational Research*, No. 197, 243-252.

[8] Tone, K. and Tsutsui, M. (2014) "Dynamic DEA with network structure: A slack-based measure approach", *Omega*, No. 42, 124-131.

[9] Yu, M., Chen, L., Chen, K., and Tone, K. (2013) "Operational efficiency in Taiwan banks with consideration of nonperforming loans: A dynamic network DEA", *Workshop on DNDEA* 2013, 73-84.

[10] 一般社団法人全国地方銀行協会. https://www.chiginkyo.or.jp/
（2022 年 10 月 12 日）

[11] 一般社団法人第二地方銀行協会. https://www.dainichiginkyo.or.jp/
（2022 年 10 月 12 日）

[12] 末吉俊幸(2001),『DEA ── 経営効率分析法』(経営科学のニューフロンティア), 朝倉書店.

[13] 一般社団法人全国銀行協会. https://www.zenginkyo.or.jp/
（2022 年 10 月 12 日）

[14] 日本銀行,「金融システムレポート（2015 年 10 月号）」.
https://www.boj.or.jp/research/brp/fsr/fsr151023.htm/
（2022 年 10 月 12 日）

[15] 星貴子(2014)「地域銀行の経営と再編の方向性」,『JRI レビュー』, Vol. 7, No. 17. 株式会社日本総合研究所.

[16] 吉川聡一郎(2015)「地域間資金フローにみる地銀統合の可能性 ── 県境・地域を超えた資金流出が再編の引き金に」,『Research Focus』, No. 2015-007. 株式会社日本総合研究所.

[17] 吉本澄司(2014)「数字を追う〜経営統合・再編で地域銀行の経営指標はどのように変化したか ── 統合・再編効果はゼロではないが, 統合・再編か独立路線かの選択がすべてではない」,『Research Focus』, No. 2014-044. 株式会社日本総合研究所.

[18] 大里怜史, 高橋正子(2017)「DEA による地方銀行の経営効率評価」,『オペレーションズ・リサーチ』第 62 巻, 第 7 号(DEA 徒然草). 公益社団法人日本オペレーションズ・リサーチ学会.

DEA Solver について

DEA Solver には2つのバージョンがある．DEA-Solver-Pro（Professional Version）と DEA-Solver-LV（Learning Version）である．これらのソフトはいずれも本書の編著者の刀根が開発したものである．DEA-LV と User's Guide LV は日本評論社のウェブサイトからダウンロードすることができる．DEA-LV が処理できる DMU の数は50以下，モデルの数は28ほど用意されている．ただし，Visual Basic（VBA）のマクロを用いているので Excel のバージョンによっては実行時ボタンの位置がずれることがあるので注意されたい．DEA-Solver-Pro は www.saitech-inc.com から購入することができる．このソフトは，53個のクラスターを含み，DMU の数は6000まで処理することができる．

いずれのモデルもデータを Excel で準備するが，その一例を表 A.1 に示す．入力データは(I)，出力データは(O)を頭に付けて表し，第1行2列目から記載する．DMU の名前は第2行第1列から記入し，各 DMU の入出力値を順に用意する．

表 A.1 データ例

	A	B	C	D	E
1	Hospital	(I)Doctor	(I)Nurse	(O)Outpatient	(O)Inpatient
2	A	20	151	100	90
3	B	19	131	150	50
4	C	25	160	160	55
5	D	27	168	180	72
6	E	22	158	94	66
7	F	55	255	230	90
8	G	33	235	220	88
9	H	31	206	152	80
10	I	30	244	190	100
11	J	50	268	250	100
12	K	53	306	260	147
13	L	38	284	250	120

計算結果は Score（次ページ表 A.2）やそのグラフ表示（図 A.1）で得られる．これらは Super-SBM-C の結果である．

その他，ウエイト v, u や効率的フロンティアへの射影が得られる．

表 A.2　Super-Efficiency Score

No.	DMU	Score	Rank		Reference(Lambda)			
1	A	1.1696	1	I	0.502	K	0.093
2	B	1.08434	2	D	0.704		
3	C	0.82868	8	A	0.318	B	0.854
4	D	1.00798	3	A	0.21	B	1.05
5	E	0.72879	11	A	0.217	B	0.93
6	F	0.68828	12	A	0.85	B	0.966
7	G	0.87965	6	A	0.673	B	1.018
8	H	0.77329	9	A	1.151	B	0.246
9	I	0.90408	5	A	0.809	B	0.727
10	J	0.76811	10	A	0.78	B	1.147
11	K	0.8648	7	A	0.933	B	1.26
12	L	0.93346	4	A	0.864	B	1.091

図 A.1　グラフ表示

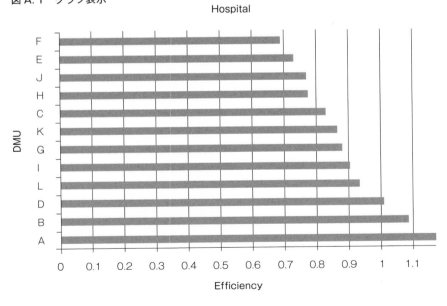

DEAと私

刀根 薫
政策研究大学院大学名誉教授

B.1 ◆ はじめに

　私は埼玉大学大学院政策科学研究科（GSPS）の第1期から23期までと，その後身の政策研究大学院大学（GRIPS）の第1期から12期まで，主として「計画と評価の数理」について講義をし，修士論文と博士論文の指導を行ってきた．現在はフリーで，外国に行ったとき，"I have no teaching, no meeting, and hence no power, while just enjoying research." と言うと "Oh! Great! You are in Paradise." とか "You are in a noisy Paradise, because you play violin." とからかわれることがある．実際，論文で難所にぶち当たるとヴァイオリンに行き，ヴァイオリンで難所に遭遇するとまた論文に戻るという繰り返しの毎日で，両方ともなかなか完成しない．このような単純な Markov 過程がいつまで続くことやら．

B.2 ◆ 包絡分析法（DEA）をめぐって

　私の DEA との関わりは Charnes, Cooper 両先生との交流から始まった．

B.2.1……Charnes 先生

　1984年が私にとって DEA の事始めであった．この年 IFORS '84（8月6日〜8月10日）がワシントン DC で開催され，日本 OR 学会から森口繁一先生を団長とする視察団が組織されたが，私はその一員として参加した．IFORS の後，AT&T ベル研究所や IBM ワトソン・リサーチ・センターを視察して，ニューヨークで解団した．その後，ロチェスター大学で住田潮氏のお世話になり，最後にテキサス大学オースティン校の Abraham Charnes 先生（愛称 Abe）を訪問した（9月20日〜9月26日）．先生からは DEA 研究の現状について教えられるとともに，共同研究を強く要請された．また日本での DEA 普及に助力して欲しいと依頼された．ここで衝撃的なニュースが飛び込む．それは9月21日号の雑誌 *Science* の記事である．「A Fast Way to Solve Hard Problem」という見出しで，「線形計画の新解法はあまりに速いので，専門家もびっくり」「5000変数の問題を IBM プログラムより50倍も速く解いた」と続いている．

注　この一文は，『GRIPS 同窓会誌』第2号に掲載したものに加筆したものである．

Karmarkar 法の出現である．このようなリーク記事がソースも明らかにしないまま，論文の所在も明示せずに学術誌以外の場所に突如として出現したために，Charnes 先生はきわめて懐疑的でベル研究所の Karmarkar の上司に電話でこの非学術的開示を厳しく抗議していた．しかしこれが内点法の始まりで，世界中の数理計画研究者の血を沸き立たせることになった．

　私も半分ほど酔っていたが，1986 年の暮れに Charnes 先生から国際電報が届いた．当時は e-mail がなかったので air mail が主な文通の手段であったが，せっかちな先生は電報を用いていた．その冒頭は "No Karmarkar, no, no, no" とあり，DEA のあるテーマについて共同研究をしたいのでテキサスに来て欲しいという主旨で，その 10 日後には 10 センチほどの厚さの資料が届いた．というわけで，2 度目のテキサス行きは 1987 年 1 月 25 日から 2 月 7 日までの 2 週間であった．テーマは無限個の DMU（decision making unit）に対する DEA の解法．DEA では通常 DMU の個数は有限個であるが，これが無限個になった場合どう解くかという問題である．研究結果は "A Computational Method for Solving DEA Problems with Infinitely Many DMUs" by Charnes and Tone (*Research Report CCS* 561, Center for Cybernetic Studies, The University of Texas, at Austin, January 1987）として出されたが，2017 年に John Wiley & Sons から出版した本（*Advances in DEA Theory and Applications*: *with Extensions to Forecasting Models*, Edited by Tone）に再録した．この論文は私の最初の DEA 論文であったが，先生と文字どおり tête-à-tête で論文の細部まで検討できたことは貴重な体験であった．この論文には参考文献として，「Kortanek, K. O. (1979), Interpolation and Error Bounds for Semi-infinite Programs and Solution of Nonlinear Systems of Equations, *Manuscript.*」のみが記載されていた．Wiley の本を出すにあたり，出典を確認しようと思ったが，Charnes 先生亡き後（1992 年没，享年 75 歳），探しあぐねていた．Kortanek 先生とは面識がなかったが，ネットを利用して「友人の友人」でたどり着き 3 日後には返信が届いた．その冒頭には "Dear Professor Tone; Both of us have greatly benefited from knowing Professor Charnes! Our scientific lives benefited greatly." とあり，原典は Gustafson, S.A. and Kortanek, K.O. (1973), Numerical Treatment of a Class of Semi-infinite Programming Problems, *Naval Research Logistics Quarterly*, 20 (3), 477-507, であると教えていただいた．これで 30 年来の疑問が解けた．Charnes 先生のおかげで DEA 研究の第一世代

のプレイヤー達の知遇を得たことは幸運であった．先生の揺籃には第二世代の
プレイヤーが続々と誕生していて，さながら梁山泊もかくやと思わせる情景で
あった．

　その後，先生とは1988年のISMP（International Symposium on Mathemati-
cal Programming）（東京），1990年のIFORS（アテネ）でお会いした．時として，
というか常に好き嫌いを明確に表したが，その強くて熱い人格にはいつも感銘
を受けた．

　この数理界の巨星のいささか早い逝去は惜みても余りある．

　Charnes先生との約束もあり，『OR学会誌』の1987年から1988年に連載講
座「企業体の効率性分析手法」を発表した．当時の山田善靖編集長のお世話に
よるものである．同時に留学生用に英文の小冊子も作成した．連載講座に加筆
して日科技連出版から1993年に『経営効率性の測定と改善 —— 包絡分析法
DEAによる』を出版した．

B. 2. 2……Cooper 先生

　さて，DEAのもう一人の創始者であるWilliam W. Cooper先生（愛称Bill）に
はすでにテキサスで紹介されていたが，先生が1993年に青山学院大学の招待
で来日されてから本格的な交流が始まった．そこで本を共著で書くことになっ
たが，それまで出版されていたような会議録やモノグラフではなくて，本格的
な教科書で章ごとに問題と解答を付けるということで合意した．初稿は私が書
き，Cooper先生がそれに加筆修正することになった．当時は現在のような
Wordの機能がなかったので，原稿のやり取りは，FedEx便で太平洋を数十回
往復することになる．ここでCooper式英文の洗礼を受けた．私がほんの数行
で書いた原稿が，接続詞と関係代名詞でつながった数ページになって戻ってく
る．私のmonophonicな英文に対して，polyphonicな修正がなされる．そこに
は行列簿記のように行の小計の和と列の小計の和が一致するというような論理
展開が一貫している（先生は米会計学会の重鎮でした）．また，序論と歴史的背
景が詳細に追加され，さすがは創始者の自負を感じさせた．大学の教養部の学
生であった1949年，私はReclam文庫で哲学者Emmanuel Kantの *Prolego-
mena zu einer jeden künftigen Metaphysik, die als Wissenschaft wird auftreten
können* を読んだ．そのとき，この高名な哲学者が多重構造の長い文章で自分
の思考を表現するのに驚嘆したことがあるが，それに相当するような体験を

Cooper 先生の文章から受けた．最後に Lawrence W. Seiford（マサチューセッツ大学，現ミシガン大学）の書誌と私のソルバーが追加されて，Kluwer Academic Publishers から 1999 年に出版された．この本は世に好評で迎えられたが，Kluwer の名編集者 Gary Folven から「クラシックと呼ばれる本は第 2 版から始まる」と "おだて" とも "おどし" とも取れる要請があり，さらに 6 つの章を追加して 2006 年に Springer から出版した．Kluwer は M&A で Springer に吸収されていた．初版の 318 ページが，第 2 版は 490 ページに膨れ上がった．この間の DEA の発展を反映したものである．

　先生と最後にお会いしたのは 2010 年オースティンで行われた INFORMS（Institute for Operations Research and the Management Sciences）の年次大会であったが，ここでは特別セッション "In Honor of Bill Cooper" が持たれた．そこには第一，第二，第三世代の DEA プレイヤーが揃っていた．先生は 2012 年に 97 歳で天寿を全うされた．オースティンから届いた訃報に接したときの深い悲しみは言葉に表せない．

B. 3 ◆ DEA の適用例
･･･････････････････

　私が関係した DEA の適用例の要点を紹介する．

B. 3. 1……首都機能移転計画

　首都機能移転は，東京一極集中の是正，国政改革の契機および災害対応力の強化を目的とした，世紀を超える国家の大事業である．国会等移転審議会は国会の同意を経て内閣総理大臣が任命した 19 名からなる審議会であり，平成 11 年（1999 年）12 月に移転先候補地 10 地域を選定した．私は国土庁（現：国土交通省）の依頼で首都機能移転企画課の高村義晴氏（当時）と協力して，この審議会のためにグループデシジョン合意形成法を AHP（Analytic Hierachy Process：階層分析法）と DEA をもとに開発し，適用した．まず，候補地を評価すための AHP を作成した．最終的な評価項目として 18 個を選んだ．例えば，「文化形成の方向」，「地震災害に対する安全性」，「火山災害に対する安全性」，「外国とのアクセス容易性」，「東京とのアクセス容易性」，「環境との共生」等である．AHP の一対比較によって各評価項目の重要度（ウェイト）を委員ごとに決めた．次に，各評価項目に対する 10 の候補地の得点を 5 点満点で評価した．

この評価には 14 の検討会に 70 余名の専門家(例えば「地震災害」,「情報ネットワーク」,「環境問題」等の専門家)が参画した.DEA ではこの値が各候補地 (DMU)の評価項目に対する得点(出力)となる.入力は共通で 1 である.出力に対するウェイトを制限するために,AHP によって求めた各委員の重要度をもとに DEA の領域限定法を適用した.こうして各候補地の有利度を測定した.同時に,山田善靖先生等の考案した Inverted DEA を用いて各候補地の不利度も測定した.この結果,有利度が高く,不利度が低い栃木・福島,岐阜・愛知の 2 地域が選ばれた.また,三重・畿央地域については高速道路網が整備された場合に有力な候補地になり得るとした.1999 年 12 月 20 日に内閣総理大臣に移転先候補地について答申し,同答申は直ちに国会に報告された.その後の経済不況等のため実行に移されていないが,国土交通省のホームページには「国会等の移転ホームページ」として記載されて残されている(http://www.mlit. go.jp/kokudokeikaku/iten/).

東日本大震災(2011 年),熊本地震(2016 年),さらに首都直下地震の発生が想定される状況下で,この課題は再び国家的関心事となっている.

B. 3. 2……NTT の上限価格算定

郵政省(現:総務省)では,1998 年に規制緩和推進計画の一環として電話料金の個別認可制を廃止し,届出制とするとともに加入電話等の基本的なサービスについては上限価格(プライスキャップ)方式とすることを決め,2000 年 10 月からこの方式を採用することにした.郵政省は「上限価格方式の運用に関する研究会」(1999 年,座長:岡野行秀東京大学名誉教授)を設け,この新方式に関する検討を行った.私はこの研究会に委員として参加し,主として,DEA による NTT 東・西のコスト効率性測定を行った.公共財の料金設定は大きな社会問題である.上限価格方式はそのための有力な手段として英米等で,電話,電力,水道等の料金設定に採用されている.

上限価格を決定するための重要な要因として,「消費者物価指数(CPI)」と「生産性向上見込率(X 値)」がある.一般に,前期の料金指数から今期のそれを決めるための基本的式は次のとおりである.

$$[今期の料金指数] = [前期の料金指数] \times (1 + CPI - X) \tag{B.1}$$

CPI は公表された値を用いるとして,問題になるのは X 値である.この式による料金指数の改定が t 年間継続した場合,t 年後の収入は予測される収入

(R) に対して

$$R \times (1+CPI-X)^t$$

となる．この値が t 年後の「費用(C)」と「適正報酬額・利益対応税額(P)」の和に等しくなると考える．すなわち

$$R \times (1+CPI-X)^t = C+P. \tag{B.2}$$

この式から X 値は次式により計算される．

$$X = 1+CPI-\sqrt[t]{\frac{C+P}{R}} \tag{B.3}$$

　収入(R)，費用(C)，および適正報酬額・利益対応税額(P)としては，過去のデータや NTT 東・西の「中期経営改善施策」から予測した値を用いる．その際，費用の予測値が妥当なものであるかどうかを，NTT の持っているコスト非効率性という面から検討した．そのため DEA のコスト効率性を適用した．

　NTT は NTT 東(北海道，東北，東京，関東，信越)の 5 事業部と NTT 西(北陸，東海，関西，中国，四国，九州)の 6 事業部，合計 11 事業部からなる．これらの事業部の 1994～1997 年の 4 年間の活動を対象とした．したがって，DMU 数は 44 である．費用効率性を計測するために，各 DMU について次のようなデータを集めた．

　　　入力 1：労働，入力 2：資本，入力 3：原材料

　　　出力 1：音声伝達，出力 2：専用(線)

　　　コスト 1：労働，コスト 2：資本，コスト 3：原材料

これらのデータを用いて，各 DMU の技術効率，純粋な技術効率，コスト効率，補正済コスト効率を計測した．

　上限価格決定のためには，まず(B.3)式により X 値(生産性向上見込率)を決める．そのため CPI としては 1999 年の変動率 -0.3% を用いた．さらに，NTT 東の音声伝送役務(電話＋ISDN)の場合，収入$(R) = 14898$ 億円(これは重回帰分析とトレンド予測の併用による値)，費用$(C) = 13308$ 億円(これは NTT 東が「中期経営改善施策」に示した値で DEA のコスト非効率を除去することによって可能な値である)，適正報酬額・利益対応税額$(P) = 843$ 億円とした．また $t = 3$ (年間)とした．その結果 $X = 1.9\%$ となる．この X と CPI を (B.1)式に代入して NTT 東の音声伝送役務の基準料金指数は 97.8% となる．同様の計算を専用役務，加入者回線についても行い，電気通信審議会の議論を経て 2000 年 6 月 21 日に郵政大臣から NTT 東・西に通知された．NTT 東・西

表 B.1　上限価格と値下げによる NTT 指数

	音声伝送役務		専用役務	
	上限価格	NTT 指数	上限価格	NTT 指数
東	97.8%	97.4%	97.6%	95.8%
西	97.8%	97.8%	97.6%	96.3%

はこの通知を受けて，2000 年 8 月 31 日に料金変更の決定を行い，10 月 1 日から実施した．郵政大臣が通知した上限価格と NTT の料金指数は表 B.1 のとおりである．ほぼ上限価格に近い値に収まっている．

　詳細な内容については，以下を参照されたい．

http://www.soumu.go.jp/menu_news/s-news/daijinkanbou/030418_5.pdf

B. 3. 3……次世代スーパーコンピュータの設置場所

　次世代スーパーコンピュータの開発プロジェクトは，2012 年までに 10 Petaflop/s のシステムを開発するという国家的な事業であった．1150 億円を投入したこのプロジェクトは，国会の承認を得て理化学研究所(理研)が担当することになった．2006 年 7 月に理研はその設置場所を全国的に公募したが，15 の都市が応募した．理研は場所選定のための委員会(委員長：黒川清日本学術会議会長(当時))を組織した．14 名のこの委員会に私は選定方法担当として参加した．ほかの委員は，スーパーコンピュータユーザー，ソフトウエア専門家，システム設計家からなる．

　選定方法としては，首都機能移転の場合と同様に AHP と DEA を併用した．評価項目としては，地震，雷，気候，土地の拡張性，電力，ガス，水，通信ネットワーク，近隣災害等 24 個を用いた．各評価項目に対する 15 の候補地の評点を各分野の専門家によって決めた．次に各評価項目の重要度を 6 名の選定委員がそれぞれ AHP を用いて評価した．その評価値を用いて，DEA の領域限定法により各候補地の有利度(Positives)と不利度(Negatives)を測定した．その結果，最終候補として 5 都市(仙台，和光，横浜，大阪，神戸)が選定された．その 5 都市について現地視察を重ねて，24 個の評価項目に関するより正確な評点を得た．これをもとに，5 都市を再び領域限定法によって評価した．その結果，有利度，不利度の両面から図 B.1 (次ページ)の結果を得た．2007 年 3 月 29 日に理研は "The Winner is Kobe" として神戸に決定した．スーパーコンピュー

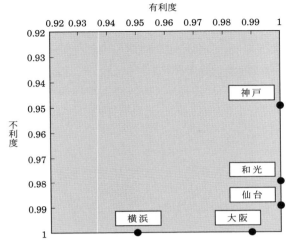

図 B. 1　有利度と不利度（Figure 31. 6 in *Advances in DEA Theory and Applications*, by Tone, John Wiley, 2017 をもとに作成）

タ「京」はその後も改良を重ねて利用されている.

B. 4 ◆ スラック基準（SBM）の効率測定

　私は，かねてから radial モデルで仮定されている入力間（出力間）の比例的変化に疑問をもっていた．また，入力指向か出力指向のどちらかで，両指向がないことも問題であると思っていた．そこで，スラックに基づく non-radial の新しい効率性指標（SBM）を提案し，*European Journal of Operational Research*（*EJOR*）に発表した.

　　Tone（2001），A slacks-based measure of efficiency in data envelopment analysis, *EJOR*, 130, 498-509.

　さらに，超効率性をもとめる Super-SBM を発表した.

　　Tone（2002），A slacks-based measure of super-efficiency in data envelopment analysis, *EJOR*, 143, 32-41.

　この 2 編の論文は，私の現在までの代表論文とされている．その後の関連論文（ネットワーク SBM，ダイナミック SBM，ネットワーク・ダイナミック SBM，Undesirable output SBM, EBM, SBM_Max 等）も含めて引用件数は 9000 を超えている．私の全著作（論文と著書）の引用件数は約 27000（Google Scholar

Citation：2022 年 9 月 12 日現在）であるから，SBM 関連論文の注目度が高いことが分かる．*EJOR* の調査によると，直近 2 年間の論文引用回数の上位 5 位までのうち第 1 位は Charnes-Cooper の DEA，第 2 位は私の SBM，第 4 位は Saaty の AHP と，効率性関連論文が 3 本入っている．目下のところ SBM は私のブランド名になっているが，何年もつか興味津々である．

B. 5 ◆ 終わりに

....

　顧みると，私の人生の半分近くを GSPS, GRIPS で過ごしたことになる．事務方をはじめ関係者一同に感謝したい．GSPS では OR の演習と称して荒川の河川敷で院生とゴルフに興じた．動的計画法の最短ルートで攻めるはずが，そうはならず，荒川のハザード（OB）にボールを大量に打ち込んでいたのも懐かしい思い出である．GRIPS では博士課程が始まったので，共著論文が増えた．査読者からの厳しい注文に対して，院生と真剣に反論を書いていたのも楽しい思い出である．GRIPS 博士：中林健（防衛省），龍俊明（三菱 UFJ 証券），筒井美樹（電力中央研究所），Kidanemarian Hailu（FDRE Policy Study and Research Center，エチオピア），Xing Zhang（FiNC，東京）や，ポスト・ドクターで 2 年間在籍した Biresh Sahoo（XIMB，インド）の諸君とは共著論文を書いている．インターネットの普及で共著の輪が広がり，共著者の国籍は日，米，英，豪州，台湾，中国，インド，カナダ，フランス，イラン，エチオピア，ベトナム，マ

Tone（1931-20♪♪）

レーシア，UAE，チェコにおよぶ.

　さてさて，ボードレールの詩 Enivrez-vous（酔っていたまえ）にいざなわれて卒寿にいたる旅を過ごして来たが，まだまだ醒めてはいけないのだろうか. 天国の Cooper 先生からはまだ早いと言われるだろうが.

Thank you my friends!!

索 引

·····················

220

編著者プロフィール

刀根　薫（とね・かおる）

1931年生まれ.
1953年，東京大学理学部数学科卒業.
1966年，慶應義塾大学理工学部助教授,
1976年，工学博士（慶應義塾大学）,
1977年，埼玉大学大学院政策科学研究科教授,
1997年，政策研究大学院大学教授を経て,
現在，政策研究大学院大学名誉教授.
専門は，オペレーションズ・リサーチ.
著書に,
『経営効率性の測定と改善』(日科技連出版社)
『数理計画』(朝倉書店)
『オペレーションズ・リサーチ読本』(日本評論社)
などがある.

著者プロフィール

筒井美樹（つつい・みき）
電力中央研究所社会経済研究所副研究参事.

丸山幸宏（まるやま・ゆきひろ）
長崎大学経済学部教授.

濱口由子（はまぐち・ゆうこ）
結核予防会結核研究所臨床・疫学部研究員.

福山博文（ふくやま・ひろふみ）
福岡大学商学部教授.

橋本敦夫（はしもと・あつお）
中村学園大学流通科学部准教授.

岩本大輝（いわもと・ひろき）
早稲田大学創造理工学部助教.

大里怜史（おおさと・さとし）
金融機関勤務.

経営効率性の測定の基礎
——DEA分析の事例で学ぶ生産性・効率性向上への挑戦

2022年11月30日　第1版第1刷発行

編著者 ——————— 刀根　薫
著　者 ——————— 筒井美樹・丸山幸宏・濱口由子・福山博文・橋本敦夫・岩本大輝・大里怜史
発行所 ——————— 株式会社　日本評論社
　　　　　　　　　　〒170-8474　東京都豊島区南大塚 3-12-4
電　話 ——————— (03)3987-8621 ［販売］
　　　　　　　　　　(03)3987-8599 ［編集］
印刷所 ——————— 株式会社　精興社
製本所 ——————— 井上製本所
装　丁 ——————— 銀山宏子（スタジオ・シープ）

ⓒ 2022 Tone Kaoru, *et al.* Printed in Japan
ISBN 978-4-535-55931-8